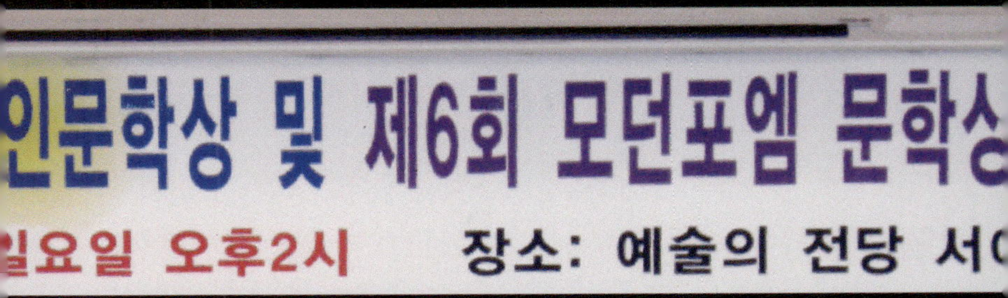


제6회 모던포엠 文學賞 本賞

나향 이기순 시인, 수필가

## 환상

뒤돌아서면 뒤섞이는 좁쌀 같은
내 기억 주머니
동여맨 앞섶은 풀리진 않았나 보다
아직은
부모자식이란 이름표를 달고
삶의 저울추에 달려있으니…….

쌍무지개가 선명한 아침
습관처럼 냉장고 문을 여는 순간,
물속에 몸 불린 콩들이
애도의 눈짓으로 훌훌 껍질을 벗는다

저승길 떠나실 내 어머니
콩죽 먹고 싶어 물에 담가놓았던
그때 그 콩처럼
외롭고 차가움에 몸을 떤다
엄마와 딸로 아팠던 시간들이
이국(異國)의 햇살에 출렁이는데,

환상(喚想)의 거울 속에선
시드니의 가을 꽃대
흐늘흐늘 걸어 나온다

작품 [환상] 전문

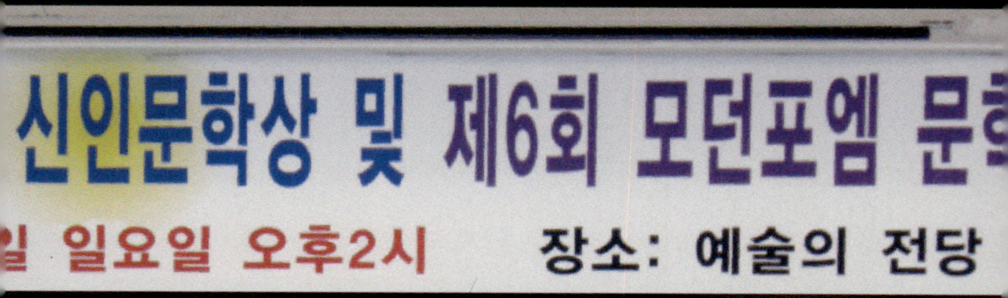


제6회 모던포엠 文學賞 金賞

정순덕 시인

## 천하장사

여름내 판판이 지는 싸름
또 한판 붙을까 말까
간들간들 온몸으로
아양 떠는 모습
그래, 너도 홀씨 한 번
파란 하늘 향해 날려 보아라
밭도 길도 아닌 맨홀 틈바귀
먼지 속에 뻗치고 서서
새파랗게 도전하는 천하장사
민.들.레.

작품 [천하장사] 전문

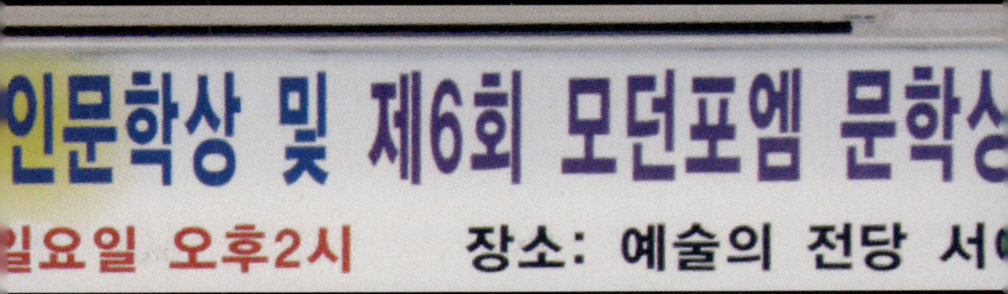


제6회 모던포엠 文學賞 銀賞

김학균 시인

## 어둠 속의 비밀

별을 심어 어둠을 밀쳐 내고
바다도 잠든 좁은 어둠 속에서
사유하는 지평을 연다

어둠의 행복은 무엇인가
석양이 장렬히 전사하고
찰각거리는 시침에 운명을 걸 때
빠져나가 발버둥치는
이순(耳順)의 소년

어둠이 밝음의 등대였고
밝음은 어둠으로 인해 찬란해졌다
암흑과 광명, 둘이서 창조한 세상이
자연 섭리요, 질곡과 환희의 샘이다

어찌 질곡의 우주에서
갈매기는 가장 먼저 빛을 전하고
푸른 나무에 생산의 불을 지펴
어둠 속에서
찬란한 아침이 태동하는가

어둠은 그 베일을
감추려는 검은빛인가?
지평의 끝 어둠의 가면을 벗겨
여명의 비밀을 찾아가련다.

작품 [어둠 속의 비밀] 전문

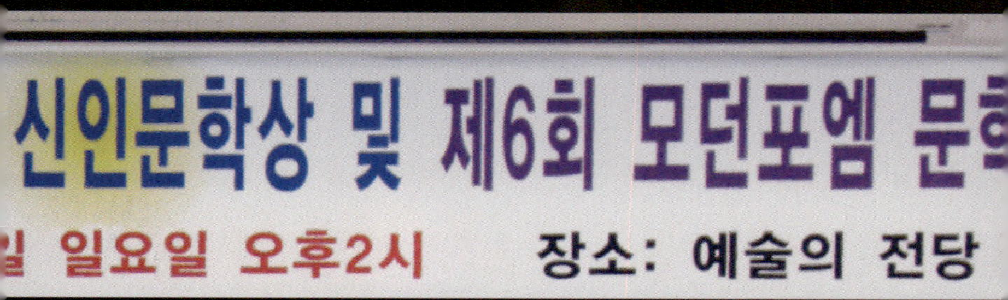


제6회 모던포엠 文學賞 銀賞

이명예 시인

## 다림질

뿌연 하늘에 커튼을 걸고 싶다
설레임이 부서진 먹먹한 가슴
모든 시선을 내려놓고 허물어지니
지푸라기라도 잡기 위해 다리미를 꺼냈다
구겨진 옷들을 모아
화풀이로 뿌림칠 하면
우지끈한 가슴의 통증은 축축해지고
까칠한 바닥에 뒹구는
바람을 잠재워도
솟구치는 피
식어질 수 있으려나
구김 속에 감춰진 적색의 가시
뜨겁게, 강렬히 짓누르니
스스로 감춘 테두리는 진실을 드러내고
조각난 평정이 다림질 바닥에 붙어
불길을 집어먹고 나면
늘씬한 옷걸이에 걸린
빳빳한 시간은
낯선 이방인조차 허락하는지.

작품 [다림질] 전문

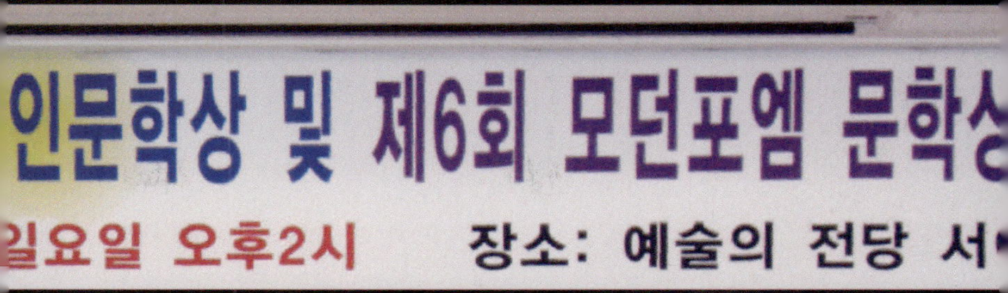


제6회 모던포엠 文學賞 銅賞

김순천 시인

## 봄은 멀지 않으리

빈 가지 사이로 바람이 불 때마다
휘파람 소리를 내던 겨울이
끝내, 무연無緣의 먼지로 산화할 때
또 하나의 계절은 오리라
선잠 하얗게 새우던 날들이어도
헐어낸 마음 벽에 부도의 촛불을 켜면
먹먹한 생각을 가로지른 시간은 저물고
설움 어우러진 사이로 보람이 온다고 했으니
시나브로 밝아오는 어둠의 들녘 검불진 잎새엔
아직도 소리처럼 싸늘한 바람 불고 있어도
해맑은 길섶에 서서 기다리는 내일은
춘설에 새순 돋듯 경이로 넘쳐나리라
기다림의 날들 저편
삼라의 뜻으로 손 흔들고 오는 푸른 잎새처럼

작품 [봄은 멀지 않으리] 전문

제6회 모던포엠 文學賞 銅賞

청암 박종우 시인

## 난(蘭)

꽃대 가냘픈 섶에 묶인 채
나이 어린 연노란 꽃
수줍었던지 아무도 모르게
어느새 슬그머니 솟아 얼굴 내민다.

소중한 정성 얼마나 기다렸기에
겹겹이 쌓아 깊숙이 숨겨놓은
은은한 향기 올해도 피워
다섯 꽃잎으로 세상 바라본다.

잎은 잎대로 가냘픈 美人이요
꽃은 꽃대로 香水 날려 맵시 접어
黃金寶物 가득 머금고 빵끗 웃어
밝고 맑은 *紅爐點雪 이로다.

난을 키우는 蘭心이 다가가
꽃대 올렸다는 자랑의 포장이
낭패 당하는 어제를 생각해서
얼마나 조심스레 인정하고팠던가.

정성에 화답하는 꽃대
올리는 인내 승화하는 내면에서
삶의 진실 깨달을 수 있다면
나는 진정한 愛蘭人이라 하겠노라.

작품 [난(蘭)] 전문

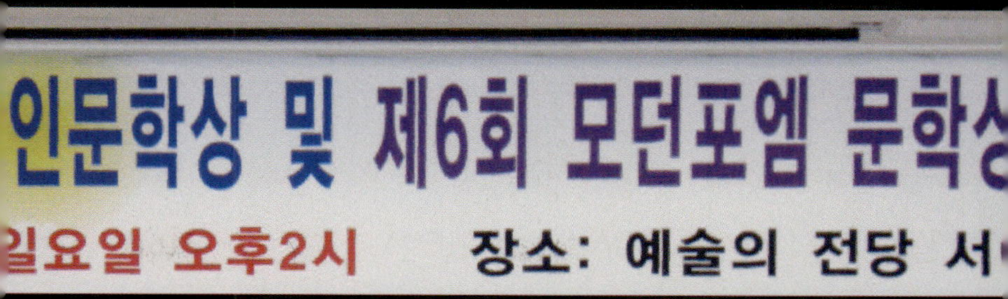


제6회 모던포엠 文學賞 최우수 신인상

## 김태경 시인

### 세탁소

꽃이 피는 시간에
파도가 밀려오고 있다.

밀려온 파도를 하나 집어
검은 속 뒤집으니
사람들의 비늘이 하나, 둘 떨어진다.

눈 내리던 날, 그녀의 사랑이 뒤집어지고
눈 내리던 날, 그녀의 이별도 뒤집어진다.

또 밀려온 겨울을 집으니
무거운 삶에 축 늘어져 있던 어깨
오그라든 아버지의 비애가 툭 떨어진다.

그가 비애를 하얗게 빨아 널면서
그렇게 우리들의 비애를 말리고 있다.
우리의 겨울을 착실하게 말리고 있다.

붉은 꽃 지는 날
그는 다려진 어둠에 앉아
겨울을 다 빨면서 봄으로 걸어가고 있는 중이다.

작품 [세탁소] 전문

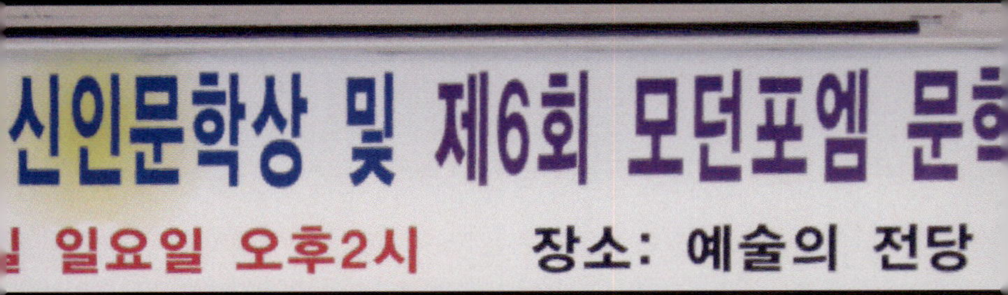


제6회 모던포엠 文學賞 최우수 신인상

한명숙 시인

## 빗소리

후미진 어둠의 경계 밖
곤고하던 내면 의식 속
오랜 사변의 충돌로
밤의 적요는 장막을 거두고

응달진 뒤란
옷 섶 풀어헤치는
7월의 장맛비 소리
한 맺히게 들리든 그날

메밀꽃 흐드러지게 피어나
님의 고운 숨결 가두어
울먹이던 하얀 박꽃처럼 속살 섞으며
미련으로 남아 애련히 떠도는 님의 모습

침묵을 사선으로 가르며
음습의 그늘을 빛으로 쪼개는 회억을 뚫고
쉼 없이, 밤을 새워 달려온 빗줄기는
평생을 목 놓아 그리워했던
쉰넷의 일기로 하늘의 별이 되신
나를 부르는 내 어머니의 처절한 호명인 듯

하늘에서 지상으로 떨어지는
강렬한 흑백의 그리움은
설움에 잠긴 목젖을 샅샅이 훑으며
가슴 죄어 오던 가늠할 수 없었던 시간의 연속,

지금도 내 울 안에 비 내린다
서러운 하늘길 에돌아 가시던 그 길에
바람처럼 내려오던 빗소리는
물비린내 풍기며
여태 내 가슴에 피멍울로 남아 있다

작품 [빗소리] 전문

제6회 모던포엠 문학상 수상집

# 외줄을 그네타며

도서출판 모던

# 제6회 | 모던포엠 문학상 수상집

### 나향 이기순 시인. 수필가



### 華曇 정순덕 시인

김학균 시인



이명예 시인



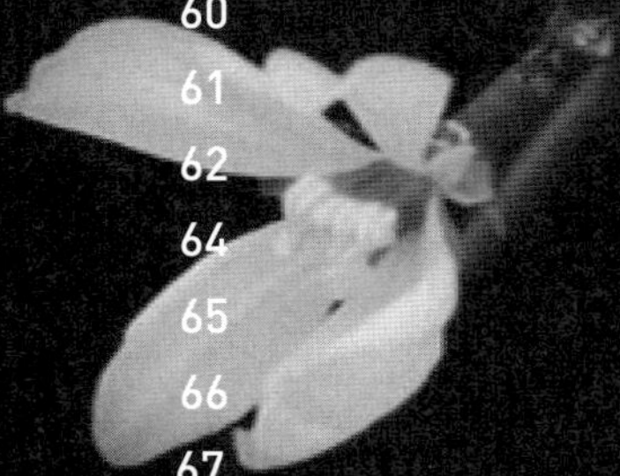

## 김순천 시인



## 청암 박종우 시인

## 김태경 시인



## 한명숙 시인



## 제6회 모던포엠 문학상 심사평

**유창섭.** 시인. 월간모던포엠 주간

제6회 모던포엠 文學賞
**本賞 수상자**

## 나향 이기순 시인, 수필가

〈사〉호주 한국문학협회 회장
호주 韓國文學 발행인
수필界 해외편집위원(해드림)
호주일보 "문학공간" 편집

제5회 한국농촌문학상수상(영농신문사)
2008년 올해의 작가상 (좋은문학)
2009년 모던포엠 문학상 본상(월간모던포엠)
2010년 제22회 허난설헌 문학상 시부문 본상
2010년 제22회 허균 문학상 수필부문 금상

〈저서〉
수필집: 나그네향기
춤추는 가면
詩集: 타조발을 밟은 참새

〈공저〉
하늘빛 풍경 (월간한울문학)
시와 에세이 1, 2, 3,집 (월간문학바탕)
살아가는 이야기만큼 그 사랑만큼 (좋은문학)
호주 韓國文學 (문학협회)
한국을 빛내는 작가들 (좋은문학)
〈테마수필〉 해드림
연리지, 아버지를 준 남자, 띠앗머리, 외 다수
이메일: stellalee51@hanmail.net
문학카페: 나그네향기

# 환상

나향 이기순

뒤돌아서면 뒤섞이는 좁쌀 같은
내 기억 주머니
동여맨 앞섶은 풀리진 않았나 보다
아직은
부모자식이란 이름표를 달고
삶의 저울추에 달려있으니…….

쌍무지개가 선명한 아침
습관처럼 냉장고 문을 여는 순간,
물속에 몸 불린 콩들이
애도의 눈짓으로 훌훌 껍질을 벗는다

저승길 떠나실 내 어머니
콩죽 먹고 싶어 물에 담가놓았던
그때 그 콩처럼
외롭고 차가움에 몸을 떤다
엄마와 딸로 아팠던 시간들이
이국(異國)의 햇살에 출렁이는데,

환상(喚想)의 거울 속에선
시드니의 가을 꽃대
흐늘흐늘 걸어 나온다

수·상·소·감

## 행복한 문학의 길 위에서

시드니 여름 햇살에 악다구니하는 매미울음소리에 나뭇잎들이 물빛무늬를 그리며 흔들리는 오후다. 작은 詩의 몸짓 하나에도 물보라로 일어선 영혼, 또 다른 울림 판에서 꼭두각시처럼 춤추는 삶, 글을 쓴다는 것은 마음속에 몇 개의 창을 내는 일이다. 특히 투명한 유리 같은 마음의 창을 오래오래 간직하는 일이다.

때로는 나 자신을 홀랑 벗기기도 하고, 때로는 겹겹이 껴 입히기도 하면서 마음을 보듬어가는 삶, 때로는 철저하게 자신을 버려야만 문학의 묵정 밭에서 자연과 인간, 인간과 인간, 인간과 사물 간의 교감으로 끌어내는 묘미를 느낄 수 있기에 나는 오늘도 강한 농부로 나를 다듬질한다.

문학의 길. 시를 쓰고 수필을 쓴다는 것이 행복할 때도 있고 외로운 때도 있었지만, 오늘은 참 행복하다. 세상에 나의 존재가 있다는 것에 감사하다.

이향에서 삶의 이끼로 가슴 아픈 일이 있을지라도 그때마다 내가 만든 문학의 창 밖 처마 끝에 달린 "구릿빛 풍경"에 마음을 씻을 것이다. 고요한 호수보다 실바람에 물결이 일렁이는 빛깔의 실체가 더욱 아름다운 것처럼 나 자신 늘 깨어있는 은빛 물결로 자연과 사물을 담을 수 있는 마음자리를 만들어 아름다운 물그림자 같은 詩를 풀어내는 시인이고 싶다.

〈문학상 본상〉 이처럼 아름다운 문학의 오색길 초입에 세워주신 월간모던포엠 문학상 심사위원님들께 진심으로 감사를 드립니다.

훗날 더욱더 깊은 문학의 중심에서 나 자신과 다시 만날 수 있기를 소원하면서 인사 올립니다.

시드니 북쪽에서 나향 이기순

신작시

# 푸른 대지에 휘날리는 씨방 외 8편

나향 이기순

발 없는 씨방
바람 가는 곳이면 어딘들 안가리,
옥토나 자갈밭, 가시넝쿨 속에서도
연녹색 생명 태동시키는 씨방
먼 대지 위로 꿈을 찾아 날아와 낯선 기류 속에서도
변함없는 온기로 삶을 가꾸어가는
그대와 나,
같은 뿌리에서 익어진 씨방이 아니던가요

먹구름 낀 날이나 햇살 고운 날에도
한가락에 춤추며 살아가는 우리
이국의 삶에서 가슴 조이던 불면의 밤이면
언어의 단절로 익어진 씨방은
바다 건너 고국 하늘로 희뿌옇게 날려보내며
살아온 세월이 아니던가요
조국의 언어(言語) 일깨우려는 소망 가슴에 품었기에
오늘 이토록 고운 열매 아름아름 가슴에 담을 수 있었지요

그대여,
우리의 씨방 태평양 위로 비상하는 그날까지
우리 절대로 날개 접지 말아요
문학은 조국의 힘이요 개인의 자유요
삶의 원천이며 아름다운 축복이니까요.

주: 씨—방 (—房)『식』암술대 밑에 붙은 통통한 주머니,

# 당신이 오시는 소리

나향 이기순

귀밑머리 하얀 은비늘 빛깔 띠우며
소복하게 쌓인 눈길 위로
싸그락싸그락 당신의 발걸음
귀 기울이는 여인이 되어
차가운 달과 별 사립문에 걸어두고
봄꽃 같은 고운 미소로
나,
오늘밤도 당신을 기다립니다.

시간에 순응하며
거칠 것 없는 구름처럼 살아갈
시인의 삶에
당신은 갈꽃의 나비가 되어
달과 별 걸어놓은 여인의 창가에
온유의 심성(心性)으로 찾아올
당신을 기다립니다.

겨울밤 달빛 별빛 내걸린 신작로(新作路)에서
청춘으로 만났던 순백(純白)의 그날은
거울처럼 문득문득 내 앞에 세워지고
사랑이라는 이름 희석(稀釋)될까 두려워
시린 겨울날도 봄꽃으로 피어
나,
오래오래 당신을 기다립니다.

# 나를 태워라

나향 이기순

서녘 하늘 검붉은 빗금 속으로
고뇌의 토막들이 뚝뚝 떨어진다.
주름진 살갗,
아픈 기억,
애잔한 시간,
이방인 외경의 언어로 겪었던
치욕까지 삽시간에 삼킨다.

순간에 사라질 무거운 영혼
시인의 작은 눈물 한 방울까지
태워버린 육신은 가볍다
헐렁한 바닥에서 탑을 들어올린다.

그렇게 삶을 다독이며
너와 나를 포개어 깊숙이 침잠(沈潛)할 때
황홀하고 장엄한 무지개를 볼 수 있음이라,
역지사지(易地思之)처럼
바람과 비구름이 타협하는 곳에서……

# 내 안에 그대

나향 이기순

돋을볕 햇살이 아름다운 시드니에
은회색 물살이 돌면
해넘이 서녘 하늘 황홀한 감빛물을 뿌린다
세상 속에서 나뒹굴든 생의 원천들
하나 둘 어둠의 뒷자락으로 꼬리를 내리고

새들도 숲의 우듬지에서
연홍빛 사랑을 노래하는데
황혼으로 물들어가는
그대와 나의 사랑
시나브로 익어져 어느덧 내 안에
오색열매로 달려있다

언제부턴가
서로가 서로를 보듬어온 세월
빛과 어둠 속에서도
진정, 사랑이라는 이름을 가진
가슴 넓은 그대가 있었기 때문이리라,
세월 속에 그대여
나 어찌 그대 눈에 늘 곱기만 하였겠는가,
나 그대 눈에 영원한 꽃이고 싶은데…….

# 그대 아는가, 무궁화를

나향 이기순

푸르른 잎사귀 정오의 햇살에 튕겨져
내 심안으로 뛰어든다
태평양 모진 바람에도 강인한 위용(偉容)으로
"우뚝 서 있는 섬"
천년 이후에도 낙원이라는 이름표 달고 있으려나?
수많은 눈동자 홀로 뜬 섬에 씨를 뿌리고
그때마다 설익은 열매 신열을 앓는다.

그대들은 어디에서 왔는가,
누구를 위하여 둥지 틀었는가,
목줄기 타고 흐르는 땀,
세월에 타협(妥協)해보지만
아린 기억들 너덜너덜 바람에 흔들거린다

생경한 삶 속에 무궁화 활짝 피우려고
이방인 총총(悤悤)히 걸어온 시간
밤새 빗자루로 쓸어놓은 대지에
햇살이 부스스 눈을 뜬다
색깔 다른 눈동자 깨어나지도 않았는데
홀로 뜬 섬에선 청색깃발이 펄럭인다

오아시스라 명명(命名)하면서
"홀로 뜬 섬" 천 년 이후에도
오아시스이기를 고집하는 이 섬에
뿌리내린 "무궁화" 활짝 필 그날까지,
내 눈동자 잠들기를 거부한다.

눈부신 햇살에 무궁화 활짝 필 때까지……

# 솜털 구름 닮은 마음

나향 이기순

청옥빛 하늘에 솜털 구름 떼지어
어디론가 흘러간다 나도 기차를 타고 간다
내 마음 바람결에 옥색 그네를 타는
한가로운 오후, 시드니 햇살이 참 곱다
나뭇잎 노래 귓전에 들려온다
나는 한 권의 책을 펼친다
누군가가 그랬던 것처럼
바람에 구름가듯,
내 사랑도 호젓하게 시간을 따라나선다

아름다운 꽃에서 낙화(洛花)를 생각하면 슬퍼지니까
그저 오늘 피어있는 꽃은 꽃으로만 보기로 했다

지난 겨울 시드니 강풍에도
뿌리 뽑히지 않고 잘도 버텨온
내 집앞 동백나무 어느새 사랑을 하였기에
발그레한 얼굴로 배시시 웃는 것을 보면
어두움 속에서도 희망은 세월과 타협하는 것인가 보다

누군가가 그랬던 것처럼 가끔씩 가끔씩
내 마음이 방랑자이고 싶을 때는
문학(文學)의 텃밭에서
초록바람을 건질 것이라고 말하고 싶다
가끔씩 가끔씩 내 육신이 무거울 때는
그냥 이렇게 세월의 강에서
솜털 구름을 건질 것이라고 말하고 싶다
강풍에서도 흔들리지 않는 나무처럼……

# 도시의 노예

나향 이기순

불빛 꿈틀거리는 거대한 인간의 도시
어느 TV광고 문구에서 춤추는 여인의 웃음도
현란한 몸동작도 원초적 본능이 아닌
장식용에 불과하다.
소녀의 머리에 꽂혀있는
반짝이는 머리핀처럼
어둠이오면 빛을 잃을 것이기에,

오늘 낯익은 거리도 내일이면
과거의 모퉁이를 돌아설 것이고
삶은 하나 둘 낯선 불빛들로
다시 질퍽거릴 것이다.
밤거리에 쏟아지는 도시에서
땀은 순식간에 시간을 먹는다.
대지에 내려진 적막 그리고 고독까지
남김없이 먹었다, 토했다, 반복하면서
황금은 진실을 소외시킨다.

낯익음과 낯설음으로 교차시키는 도시
탐욕의 불빛으로 비틀거린다.
초목들이 혼미해질 때까지 또다시
도시는 원초적 본능에 심한 몸살을 앓는다.
인간과 인간의 팽팽한 빗장을 풀기 위하여
시간은 오늘도 끝없이 분주하다.
어둠과 빛이 화해하는 인간의 도시에서,

# 홍시

나향 이기순

내 사랑,
비닐봉지 속에 단감 몇 개
정겨운 눈빛 담아 내 앞에 내밀었다.
문득,
어린 시절 땡감으로 홍시 만들어주던
내 할머니 얼굴이 추억으로 겹쳐져
부엌 한쪽 바가지 속에 넣어두었다.

며칠 후,
말랑말랑 홍시의 속삭임 들려오더니
어느새 발그레 물든 홍시얼굴이
황혼으로 물들어가는
내 마음의 잠금쇠를 풀어놓는다.

오늘은
붉게 물든 홍시 한 입 물고
살포시 웃는 나에게
내 사랑하는 사람 육십 촉 눈길은
나를 곱디고운 연홍색 봄꽃으로 피게 한다.
홍시 한 입 물고…….

# 몽돌

나향 이기순

바람은 밤마다 달빛을 업고
몽돌을 씻긴다.

아무도 눈여겨 보아주지 않지만
햇살 고운 날엔 몽돌도 미소를 지으며
물살에 쓸려 먼 바다로 가고 있는 줄도 안다.

바람을 등에 업고 조금씩 조금씩
모서리 닮고 닮아 물빛으로 완성되어
그토록 꿈꾸는 먼 바다에 닿는 그날까지
쉼 없이 흐르는 물결에 찰랑찰랑 노래할 뿐이다.

몽돌은 개울이 제 젖줄인 줄 모른다.
바다로 흐르는 맥박에서
닮고 닮아 만들어진 자신을 모른다.
몽돌이니까,

**제6회 모던포엠 文學賞**
**金賞 수상자**

## 정순덕 시인

인제 생
순수문학 시부문 등단
인제어머니독서회 회장 역임
박인환 문학관 추진위원
인제문화원 이사
인제고등학교 운영위원장
인제군 번영회 부회장
인제경찰서 행정발전위원
인제군 문화재단 이사
인제읍 주민자치위원회 부회장
세계모던포엠 작가회 회원
한국문인협회 인제군 지부장
제6회 모던포엠 문학상 금상 수상

시집: 갈대, 그 흔들림의 美學

# 천하장사

華壘 정순덕

여름내 판판이 지는 씨름
또 한판 붙을까 말까
간들간들 온몸으로
아양 떠는 모습
그래, 너도 홀씨 한 번
파란 하늘 향해 날려 보아라
밭도 길도 아닌 맨홀 틈바귀
먼지 속에 뻗치고 서서
새파랗게 도전하는 천하장사
민.들.레.

수·상·소·감

## 고즈넉한 마음으로

미처 시장 다녀올 사이도 없이 손님을 맞아 있는 재료로 식사 대접을 해야 하는 사람처럼, 허둥스럽습니다.

다행이 손님은 맛있게 먹었다고 하지만 그저 미안하고 아쉽습니다.

푸짐하게 맛있게 대접했으면 싶은 부끄러운 마음. 지금 제 심정이 그렇습니다.

어설프고 설은 저에게 과분한 상을 주신 모던포엠 문학상 심사위원님, 발행인님께 감사 드립니다.

고즈넉한 마음으로 더 좋은 시를 쓸 수 있도록 노력하겠습니다.

〈천하장사〉는 어렵게 살아가는, 결코 포기하지 않는 인성을 제 나름대로 그려낸 시 입니다.

세상에는 민들레처럼 질기게 도전하는 사람들이 많습니다. 마침내 홀씨를 날리는 그날까지 결코 희망을 잃지 말았으면 좋겠습니다.

늘 곁에서 응원해 주고 격려해 주는 식구들과 문우님들께 감사 드립니다.

華曇 정순덕

# 어디로 갔나 외 8편

華壘 정순덕

봄이 점프해서 여름 속으로 들어갔다
농군의 손끝에 묻은 봄 햇살은
땅 끝에서 아우성이다

삼짇날에 화전도 못 부쳤는데
제비는 돌아와 제제불제제불
온실에서 핀 꽃들을 불러낸다

살구꽃, 매화꽃, 복숭아꽃 피다가 져버리고
과수원 머스마는 올해 농사 다 망쳤다고 울먹이는데
점프한 봄날은 여름 한자락을 확, 뿌려놓았다

# 산행

華曇 정순덕

기룡산에 오른다
유명산들은 기회 있을 때마다 오르지만
오십 년 만에 처음 오른 고향 뒷산

한 구비 한 구비 돌아서 오를 때마다
빤히 보이는 정상이 멀기만 한데
"조금만 더 가면 정상입니다."
오르고 내리는 사람들이 건네는 용기에
쉬고 싶고 포기하고 싶은 마음을 털어내며
가쁜 숨, 기진한 몸 추슬러 정상에 서서
솔내 그윽한 바람결에 몸 맡기고
태어나고 자란 삼태기 닮은 마을 내려다본다

송사리 잡고 미역감던 유년의 추억
안개 자락 잡고 흐르는 내린천
그저, 오르기 바빠 살피지 못했던
꽃, 나무 청설모, 산새, 다람쥐
그 산에 식솔들과 눈맞추는 동안
한평생 살아가는 것이
산을 오르는 것과 같다는 생각에
짜릿한 산기운
정수리에서 발끝까지 돌아나간다

# 노부부

華曇 정순덕

갯골막침이에 산다는 노인 내외
한 달에 한 번 두 달에 한 번
우리 집에 와서 외식을 한다
불고기 2인분에 밥 두 공기 소주 한 병
다 먹지도 못하는데 웬 찬이 많이 나오냐며
곰살맞은 농담도 건네고 오순도순
바깥 노인 혼자 소주 한 병 마시는 동안
요것 좀 더 들어요, 저것도 좀 더 들어요
안 노인네 성화 달콤하다
구부정하니 걸망 진 바깥 노인네
뒤뚱뒤뚱 뒤따르는 안 노인네
나이 들어 저 정도만 살면 좋겠다고
그렇게 살면 괜찮겠다고
사라지는 노부부 눈빛만으로 따라나선다

# 졸업여행

華曇 정순덕

초등학교도 다녀보지 못한 엄마가
대한노인지회 노인대학 졸업여행을 떠났다
신종인플루엔자 걱정과 졸업여행에 대한 기대를
왼쪽가슴 오른쪽 가슴에 나눠 안고
밤잠 설레며 기다리던 모습
일흔넷 나이가 무색하게
어릴적 운동회 기다리는 모습 같다

2박3일 졸업여행
오 남매 걱정 근심 제주 앞바다에 버리고
훌훌
당신 몸만 오셨으면 좋겠다
가을 파아란 하늘가에 새털구름처럼 가볍게 오셨으면
좋겠다. 참 좋겠다

# 한계산성

華曇 정순덕

가뭄으로 옹돌몽돌
알몸 드러낸 한계천
천변에 200년 수령의 소나무
붉은 거북등 당당하다

안홍민 장군이 야별초를 거느리고
몽골군을 쳐부쉈던 등산로 없는 성골
그, 함성 따라 한계산성 오른다

천연의 험준함을 그대로 에둘러
쐐기돌 박아 포곡식으로 쌓은 성
천년을 외롭게 지키고 있다

어딘가 선조들의 애환이 묻혀 있을
무릎까지 빠지는 낙엽 속
후손들에게 하고픈 말 있을 텐데

무뎌진 나는 한 마디도 듣지 못하고
성마른 바람소리만 듣는다
자그락 자그락
천년 성을 거닐며
멀리 안산을 바라본다

*안홍민–고려시대 산성 방호별감

# 바람부리를 지나며

華曇 정순덕

바람부리 갈대밭 지나
곰배령, 단목령 양 갈래길에 서면

왼쪽으로 세쌍둥이네 가는 길
오른쪽으로 꽃님이네 가는 길
나지막이 이정푯말 정겨웁다

곰배령으로 들어서 오솔솔
들꽃길을 걸어갈까
단목령으로 들어서 하늘 찻집 찾아가
꽃, 나무, 열매 담긴 약주 한잔 마실까

햇빛 따사롭게 골짝 물 만나 입맞춤하는
들꽃 흐드러진 길가에 오래도록 앉았다
질펀질펀 산골향기 온몸에 담아두고
일 년 동안 조금씩만 되새겨 살아볼까

# 나는 오늘

華曇 정순덕

읍사무소에 호적등본 떼러 간다

걸어가도 그만인 길을
숨을 할딱거리며 달리곤 했던
어린 시절

오래된 나무 등걸을 타고 올라
그네타기 술래잡기 미끄럼타기 매미잡기
새알을 훔치느라 시간 가는 줄 몰랐다

읍사무소 앞마당 깊이를 알 수 없는 연못 가장자리엔
치렁치렁 휘어져 바람을 일으키던 아름드리 버드나무
둥치마다 세들어 살든 친숙했든 친구들
매미, 잠자리, 올빼미, 부엉이, 파랑새, 지빠귀,
개구리, 물방개, 오줌싸게, 우렁이.

해질 무렵
빌려온 카메라에
연못 한가운데 작은 섬
나무 의자에서 흑백사진 찍던
울보, 못난이, 코찔질이, 빵코

이제는
되돌릴 수 없는 연못의 평화로운 풍경들
안타까운 어린 시간들
그리운 얼굴들이
어디로 사라져 버렸는지….

나는 오늘 읍사무소에 가서
호적등본 한 통과
사라져버린 어린 시절의
풍경 한 편을 떼어 왔다

# 아름다운 중년을 위해

華曇 정순덕

에스트로겐 생산이 중단되었다고 하자
병원 처방은 애매했다
빈궁마마가 탄생한 집안 내력 상
호르몬제 복용은 어렵고
자주 병원 검사를 받으란다

문제는
외롭다고 말하고 싶고
지쳤노라고 말하고 싶고
매사가 걱정스럽다고 말하고 싶고
마구 소리지르고 싶은 것 있었다

빈 둥지 증후군이
쳐들어온 것이다

나는,
팔을 걷고
씩씩하게 새벽잠을 털어내고
동네 한바퀴
아들의 씨디 공유하기
반신욕 하기
무섭게 책 읽기로
활력을 만들어 본다

중년은 일찍 찾아왔건만
아름다운 중년을 오래 살자고 한다.

# 아버지

華疊 정순덕

우리 아버지 주민등록상 본적지는
강원도 인제군 인제읍 하추리 미상 번지
하추리 하고도 싸릿골 어디멘가
저 산너머가 아버지 고향이라고
하추리가 예전에 이북이었데요
6.25 때 징용 끌려나갔다가 반공포로 석방할 때
죽을 고비 넘겨넘겨 고향 찾아 왔는데
아버지의 아버지 가족들은 농사짓던 농토 따라
넘어간 아들을 기다리느라 그만 이북에 남았나 봐요
땅따먹기 놀이하다 끝나면 니것 내 것 모두 없어지는데
우리 아버지 장모님이랑 처제 처남은 모두 다
하추리 이남에 살고 있는데
아버지의 아버지 식구들과 아버지의 아내와 딸린 자식들은
3.8선 저 너머 어디엔가 살고 있겠지요
해마다 복놀이로 내린천 끼고 올라 하추리 초입에 돗자리 깔고
아버지는 저 산 너머에 고향이 있는 쪽을 보고 또 보고
우리 엄마랑 오 남매에게 말씀 안 하셔도
얼마나 그리웁고 가고 싶으실까
오래도록 지병으로 고생하시다가 지금은 덕적리 양지바른 골에 누워
고향산천 굽어 도는 내린천 물에 묻어 오는 소식 듣고 계시지요
행여 큰어머니 돌아가셨으면 죽어서라도 한 상에서 진지라도 드시라고
울 엄마는 이번 추석에도 밥 두 그릇 떠놓으셨다

제6회 모던포엠 文學賞
**銀賞 수상자**

## 김학균 시인

월간 모던포엠 추천작품상(2008.8)
월간 모던포엠 자문위원
월남파병(백마부대, 1971-72), 제14회 기술고시(1978)
프랑스 렌느대학교 생태학과(생태학석사, 1983)
부경대학교 자원생물학과(이학박사, 1989)
국립수산과학원 해양환경부장(1999-2004)
남해수산연구소장 명예퇴임(2005), 홍조근정훈장(2005)
부산대학교 겸임교수(1997-2001)
부경대학교 초빙교수(2005-2008)
일본교토대학교 객원교수(2008.9-2009.3)
한국해양학위원회(KOC) 부의장
동아시아적조협의회(KORHAB) 사무총장
제15회(2012) 국제 적조 회의 한국추진위원회 의장

# 어둠 속의 비밀

김학균

별을 심어 어둠을 밀쳐 내고
바다도 잠든 좁은 어둠 속에서
사유하는 지평을 연다

어둠의 행복은 무엇인가
석양이 장렬히 전사하고
찰칵거리는 시침에 운명을 걸 때
빠져나가 발버둥치는
이순(耳順)의 소년

어둠이 밝음의 등대였고
밝음은 어둠으로 인해 찬란해졌다
암흑과 광명, 둘이서 창조한 세상이
자연 섭리요, 질곡과 환희의 샘이다

어찌 질곡의 우주에서
갈매기는 가장 먼저 빛을 전하고
푸른 나무에 생산의 불을 지펴
어둠 속에서
찬란한 아침이 태동하는가

어둠은 그 베일을
감추려는 검은빛인가?
지평의 끝 어둠의 가면을 벗겨
여명의 비밀을 찾아가련다.

## 수·상·소·감

아직 물이 정강이까지밖에 차지 않았는데 흠뻑 샤워를 한 것 같다.

그러나 그것은. 이제 더 깊이 들어가서 바다를 보라!

이제 고개를 숙이고 진주담치의 행태를 보라!

칼 같은 등으로 파도를 갈라 견디고 여럿이서 껴안고 혹독한 조간대의 환경을 견디어내는 생존을 위한 적응!

이 고비를 넘어 한 쌍의 진주담치는 부유하는 자식을 멀리 보내고 파도가 조용한 날

살아 돌아온 자식, 엄마 곁 정착을 허락한다. 귀동냥 한 진주담치 삶 이야기.

이제 막 시인들이 터를 잡은 조간대에 정착하려는 나에게 상을 받는 큰 기쁨을 안겨 주셨다.

추위와 파랑이 겹치는 혹독한 조간대 끈기를 동행한 지혜만이 생존을 허락하는 그곳에 먼길 걸어오며 꽃을 피운

선배 시인의 밀물이 올 때까지 썰물을 두려워하지 말라는, 뿌리내림의 큰 채찍이다.

상을 주게 하신, 주신 모든 분들에게 감사함을 드립니다. 상서로운 2010년 새해를 맞이하시길 빕니다.

김학균

신작시

# 새벽을 그리는 모래 외 8편

김학균

해야, 저녁놀 해야!
이제 너도 저 산 뒤로 넘어가렴
큰 무리의 사람들이 떠나간 새벽
나도 평화스럽게
파도 속에 눈 붙일 수 있도록

나신으로
파도에 몸 씻을 수 있는
하얀 모래들의 새벽은
달빛이 파도를 애무하는
평화로움에 잠들 수 있도록

아프게 밟아대던
붉은 나신들이 탄성도 사라진
고요한 여명의 시간
그토록 시퍼렇게 내 몸을
짓밟고 더럽히던 인적 끊긴
달, 하늘 바다만이 조용한 새벽

모래알처럼 쌓이는 하루의 추억
정오의 내 뜨거운 정열이
파도에 안겨 나를
다시 바다 속으로 보낸다.

# 아침 정경

김학균

아침 햇살에 부끄러운 낙엽
시원한 바람은 잡초와 놀고

숨어 우는 아침 새소리
내 가슴에 정겨운 그림을 그린다.

지척 호숫가 외로운 노인
물새 재롱에 먼 자식을 잊고

구름 한 점 없는
섬나라 아침*

부유하는 시간은
물처럼 수초 사이로 흐른다.

*일본 도야마(富山) 環水公園)

# "엄마 미안해"

김학균

억누르는 슬픔의 정적
이제 이승을 하직하는.
"엄마 미안해--"
"엄마 정말 미안해"

국경을 건너 밤새 달려온
아내의 통곡이 정적을 찢고
슬픔이 공명(共鳴)을 이룬다.

차디찬 손 부여잡고
통곡을 씹는 마지막 인사
아- 다시는
못 잡아 볼 어머니의 손이여!
투구 같은 무명삼베에 노잣돈 찔러 넣고
꽃가마 관으로 가시는 어머니
이것이 엄마와의 사별死別인가

"엄마 이제는 아프지 마"

30년도 넘게 악귀 같은 병마에 시달려 온
차라리 빨리 데려가라 하시던 울 엄마
"거기서는 정말 아프지 마"
아내와 처형의 통곡이 하늘을 울린다.

걱정, 아픔, 속박, 곤궁
누더기 조각 같은 삶
우리들은 엄마의 삶을 사랑했습니다.

"왔냐" 하시던 엄마의 얼굴에서
사랑한다는 깊은 미소를 보았고
방안에서 마중하신
엄마의 서운함을 우리는 읽었습니다.

이제 내일이 지나면
빛바랜 영정 속
어디엔가 계실 어머니의 흔적을
울지 않고 찾아가겠습니다.

# 황홀한 비행

김학균

잠자리 부부가
무더운 여름날 오후에
황홀한 부부비행을 하고 있다.

잠자리는
사랑의 보금자리가 없나 보다.

# 정오의 붉은 바다
## -적조(赤潮)

김학균

그 여름 바다는
루즈의 입술로 하늘을 유혹하더니
바다는 피를 토하며 신음한다.

광어는 하얀 배는 하늘로 향하고
어민은 하늘을 보고 울었다.
여름 바다의 시퍼런 절규!
누가 숨이 찬 비명소리를 듣는가?

바다를 불임케 하는
정오의 붉은 바다
경외하는 자연의 부메랑.

검붉은 파도의 놀이 쓸고 간
하얀 바다 냄새 나는 어장
망연자실한 어민의 초상肖像
어이할거나
바다에 분노를 토하고 싶다.

# 겨울 여명의 바다에서

김학균

침묵하는 검은 동체
살아 있는 거니 죽은 거니

모태(母胎)의 먹구름 사이로 태생하는
너를 기다리다 안달 나
찬 바다를 수영하는 군상
바다를 가른다.

모래 언덕을 때리는 백파
검은 수평선 네 눈동자
여명의 소식을 전하는
전령의 요동소리 찬연하다.

너를 빼앗긴 우주는
비명도 지르지 못한 채
귀환하는 서쪽 하늘을
질투하고 있다.

미숙한 여명의 탄성
등대 불빛도 힘을 잃고
동백꽃이 꽃이게 보여주는
이렇게 아름다운 풍경화를 그릴 수 있으니
너는 얼마나 많은 물감을 가지고 있나?

바위를 때리다 하얗게 질려
놀란 비명을 지르게 하는 파도의 공명
어둠을 밝음으로 뒤집어 놓고
너의 정체는 무엇이냐?
나는 네 가슴의 신비한 희망을
내 가슴에 옮겨놓고 싶다.

# 추락하는 계절

김학균

차마 하늘을 보지 못하고
애써 한 화장을 지우지 못한 채
낙엽은 땅으로 돌아갑니다.

바람은 낙엽으로 물결을 만들고
할아버지는 낙엽을 쓸어 담습니다.
찬바람이 휑하니 붑니다.
낙엽의 비명은 들리지 않습니다.

가슴이 타버린 낙엽 위에
가을비가 아침부터 내립니다.
사랑이 열매도 없이 뚝 떨어집니다.

봄날이 가버린 쓸쓸한
노인의 가슴에도 소리 없이
무거운 찬비가 내립니다.

# 세련 폭포 가는 길

김학균

거북과 구룡(九龍)
계곡의 물소리
가청(可聽 )과 전설의 조화

그런 이야기로
등산인지 산책인지
단아한 산길을 오른다.

큰 바위 이끼는
야광나무 잎을 그리고

세련되지 못한
숲길 오솔길
세련폭포 가는 길*.

나는
여기서
길을 잃고
헤매고 싶다.

*치악산(雉岳山) 구룡사(龜龍寺)에서 세련 폭포로 가는 등산길

# 고도(古都)에 대한 생각

김학균

방자한 땅이로구나!
혼자서 천년 영화를 누리다니

땅의 주인이 역사를 바꾸는
너의 존재가 민족혼의 웅비인지
영민한 역사는 말할 수도 있으련만.

꽁꽁 동여매 얼음 속에
묻어버리고 싶은 한 축의 역사.
승자의 화려한 장식
선순환으로 담보할 수 있을까?

유라시아의 향기를 전하는
저만큼 가지 못한 국토
반도의 지평에 갇혀있어
채찍을 들어 두들기고 싶다.

제6회 모던포엠 文學賞
**銀賞 수상자**

이명예 시인

경기 생
월간 모던포엠 시부문 신인상
세계모던포엠 작가회 회원
모던포엠 동인
全人문학회원
시흥시 시향문학회 회원
까치동인
제6회 모던포엠 문학상 은상 수상

# 다림질

이명예

뿌연 하늘에 커튼을 걸고 싶다
설레임이 부서진 먹먹한 가슴
모든 시선을 내려놓고 허물어지니
지푸라기라도 잡기 위해 다리미를 꺼냈다
구겨진 옷들을 모아
화풀이로 뿌림칠 하면
우지끈한 가슴의 통증은 축축해지고
까칠한 바닥에 뒹구는
바람을 잠재워도
솟구치는 피
식어질 수 있으려나
구김 속에 감춰진 적색의 가시
뜨겁게, 강렬히 짓누르니
스스로 감춘 테두리는 진실을 드러내고
조각난 평정이 다림질 바닥에 붙어
불길을 집어먹고 나면
늘씬한 옷걸이에 걸린
빳빳한 시간은
낯선 이방인조차 허락하는지.

## 수·상·소·감

창에 서린 입김이 채 가시지 않은 맑은 냄새를 풍기는 새벽

글과 마주침을 하는 나를 들여다봅니다.

뇌에서 뽑아내는 피, 파헤치고 걸러내고 부글부글 끓는 소리를 내면 서툰 모양 하나 툭 떨어집니다.

이런 고통, 이런 행복 시인으로 사는 삶이 내 중심축에 있어 살아갈 힘이 생깁니다.

푸른 잎 하나 건져 그릇에 담아 주신 심사위원 여러분께 감사드리며 월간모던포엠의 발전을 기원합니다.

이명예

신작시

# 견딘다는 것 외 8편

이명예

눈가에 다크서클이 침입했다
속을 끓이던 연기가 고스란히 버티고 있다
화살을 꽂고 숫자 놀이를 하자는 간큰 놈
나를 주인 삼던 핏기가 등을 돌렸다

푹 고아 쭉쭉 찢은 살고기가 먹고 싶다
파릇파릇 야채와 입 크게 벌리고 싶다
허기진 볼과 충혈된 눈에 도톰한 사랑을 입히고 싶다

쉬는 게 약이야 !
스치는 말을 허겁지겁 집어먹었더니 체한 것 같다
그대로 두자
시간이 달아나야 쫓아가는 맘도 지칠 테지
썩어 양분이 될 테지

아파도
누구 탓 할 것 없다
쉽게 피지 않는 것이 꽃이다
쉽게 지지 않는 것도 꽃이다
과정은 흔들림에 연속이다
무엇이 되기까지 견딜 수 있어야 푸르다

# 고독이란 놈

이명예

빨간 약을 발라줄 테니 떠났으면 좋겠다
눈이 쌓이고 산이 몸을 풀어도
오랜 침묵을 안고 속을 쉽게 털지 않아
어둠에 길든 채 덕지덕지 붙은 외로움은 몇 권의 책을 훔쳤을까
겉으론 아무렇지 않을 척 무너지지 않을 장막을 치고
생인손을 어떻게 견뎌내는지

도무지 깊이를 모르겠다
읽기 쓰기 듣기 꼬박꼬박 챙기는 선생님도 무시한 채
그는 그렇게 초라한 혈관을 감추고 살을 삭히는 과정인 듯 의연하다
낮과 밤이 지겨운 날은 모르는 형태를 뒤집어쓰고 헤매다가
비밀을 캐내는 주머니가 울렁거리면 닫혀있음이 답답한 듯
홀로 흐름을 당당하게 표시내기도 하지

앓아 누워야 피어나는 향기 그렇게 뚜렷한 이유없이 빨간약을 거부하며
정신을 후벼내도 미워할 수 없다
아픔과 닮아있는 옆모습은 눈감고도 그릴 수 있다
어느 날 뼈 속이 무너지면 무덤 안에서까지 이불 펼텐가!

# 교차로에서

이명예

햇살은 여전히 눈이 부시는데
모르는 미로가 교차로에 걸려있다
불쑥 튀어나온 불순물이
아침을 빼앗은 것은 아닌데
계절의 찬양이 부서진다
간혹 부는 바람마저
휴식을 가장한 빈집에 머물다 쓰러지는 허약함
일상의 간판은 누런 표정을 짓고
흘려듣는 뉴스가 되어
비굴한 모습을 숨기고 싶은
정지선을 무시한 헛발질
깨움에 허기진 사지가 초라해서
무언의 종소리를 들을 수 없다면
목에 걸린 아픔이여 피를 토하라 !
산고의 물줄기로 걸러져야
맑은 이슬로 피어남을
납작 엎드린 눈에 신호가 보인다
발이 없다면 등을 밀어라
대기만성
옷은 벗어야 한다.

# 여백

이명예

밀려왔다 밀려가는
채워지고 비워지기를 수 없이하는 바다
부서지며 드러난 파도의 살결이 보들하다

하늘과 바다를 열어 놓은 공간
귀를 여는 짭짤함이 평화로워
구름을 물고 포물선을 그리는 갈매기
살살 불어나는 바람
미끈한 풍경이 바다를 점령한다

넓고 시원한 트임
햇살의 꼬리로 빠져들면
포착된 빛이 뇌에 착상하여
떡 벌어지는 기쁨
해산을 준비할 노트가 분주하다.

# 껍질을 깨고

이명예

생각의 꼬리가 잠을 쫓는다
소통이 막혀 풍경이 그늘지고
물질의 유혹에 약한
기를 쓰고 정직하고 싶은 가슴은
어디서부터 무너지고 있는지

겉모습에 길들여진
강자 앞에서는 약한 모습으로
풀잎 하나에도 뜻이 있고
스치는 바람에도 소리가 있는데
사람과 사람 사이의 놓인 다리
사랑이 부족하여 화가 뻗친다

버려진 쉰밥 같은 약속은 하지 말자
물 흐르듯 잊어야 한다지만
덮어진 어둠은 감출 수 없다
자연보다 사람에게서 잃은 것이 많아도
사람보다 자연에게서 얻는 것이 많으니
옳고 그름은 욕심의 한끗 차이

가까이, 멀리 무심히 건드린
알게 모르게 준 상처에 고개 숙이자
살아있는 거짓의 몸짓은 가여워
겉치레로 허비한 숫자가 얼마인가
스스로 입힌 두터운 껍질을 깨자

닫은 문은 열어야 한다
치유하는 사랑을 마르지 않아
밤새 창을 열기 위한 충혈된 눈
아파도 고마운 애정이다.

# 휴식

이명예

무디게 살아야 하는데 바늘 끝이 손톱이다
주머니를 털어서라도 손톱을 깎아야겠다

시원하게 기지개를 켜는 갯펄은
질퍽하게 아픔을 견딘 몸짓

어제의 배터리를 빼고 비릿한 이슬에 취해
발끝부터 젖어야겠다

미움이 없어 욕심이 없어
더 이상 읽혀야 할 답이 없어
미끼 없이 건진 大魚

느끼는 대로 하고 싶은 대로
묵직하게 건져 올린 자유에 올인이다

# 흔들려야 한다

이명예

잠이 어지럽다
눈을 감고 있어도
미세한 먼지를 감지한다

나무가 부딪힌다
바다가 출렁인다
갈기갈기 구름이 흐른다
파르르 눈썹이 떤다

바람이 바람의 몸을 가다듬어
외로운 섬에 훈풍을 심으면
가난한 시인도 춥지 않겠지

쉬 잠들지 않을 기운
뼈와 뼈 사이를 눌러도
앓고 일어선 아침은 눈이 부셔
살 찢기게 흔들려봐야 간절한 것이 보인다

으스러지게 좋은 사랑
닿으면 하늘, 바다, 땅
모두가 바람을 견디는 모양이다
오늘 아침 세숫물은 바람이다.

# 사소한 발견

이명예

살짝 미끄러지듯 구부러진 선
훅 불면 활짝 핀 세련미
곡선이 그리는 범위가 기쁘게 상승한다
뼈대가 드러난 채 꺾어질 직선
뻔히 보이는 곳으로 드러눕는 오기이다
밥 냄새 뒤척이는 선은 구수한
숟가락 정이 깊어지고 미각의 숲은 은빛이다
긍정을 입고 걷는 마주침은 포근하다
병든 그루터기에도 한 때는 목숨 같이 푸른 날 있었다.
앞서거니 뒤서거니 직선의 날보다는 구불구불 울리는 향기
고요히 젖줄을 풀고 있는 모나지 않는 것들이 끈끈해진다
손 닿을 푸른 모양은 사방에 있다
발목 잡혀 따라나선 두려움일랑 털어내고 깊이를 보자
낮은 마음이 사랑의 원을 그린다
피를 깨우며 발가락으로 차오르는 氣
마루운동의 절묘함이 몸속에 삽입되어
시간의 줄이 탱탱하게 일어선다
가뿐하게 내린 햇살
식탁이 풍성하다.

# 기억상실

이명예

바람이 지나간 자리에
섬이 세워졌다
돌아가야 할 명분도 없이
물결의 눈물을 감추고
어디도 가지 못해 방황할 거라면
붙들어 잠재우는
환상의 섬이라도 쉴 곳이 필요했다
숨쉬던 꽃은 시들어지고
무성한 잡초가 돌틈을 비집어
한 고랑의 話화를 내뿜고자
쩍쩍 소리를 지르는
사막 같은 이름을 부르다가
쓰러진 가지, 가지
조각난 순결이 흐느끼는데
때 늦은 동백이
후회의 미소를 짓지만
허망의 바다이라
스며들지도, 파고들 까닭을 지운
단절의 눈빛
골깊은 추위가 얼어붙은 강바닥을
두텁게 막아버린 상실의 시간들.
죽을힘을 다해
봄을 피우는
꽃대 하나 없는 바람밭에
섬을 태우고 넘어온 해오름
血을 녹여 줄
사랑
움트려나

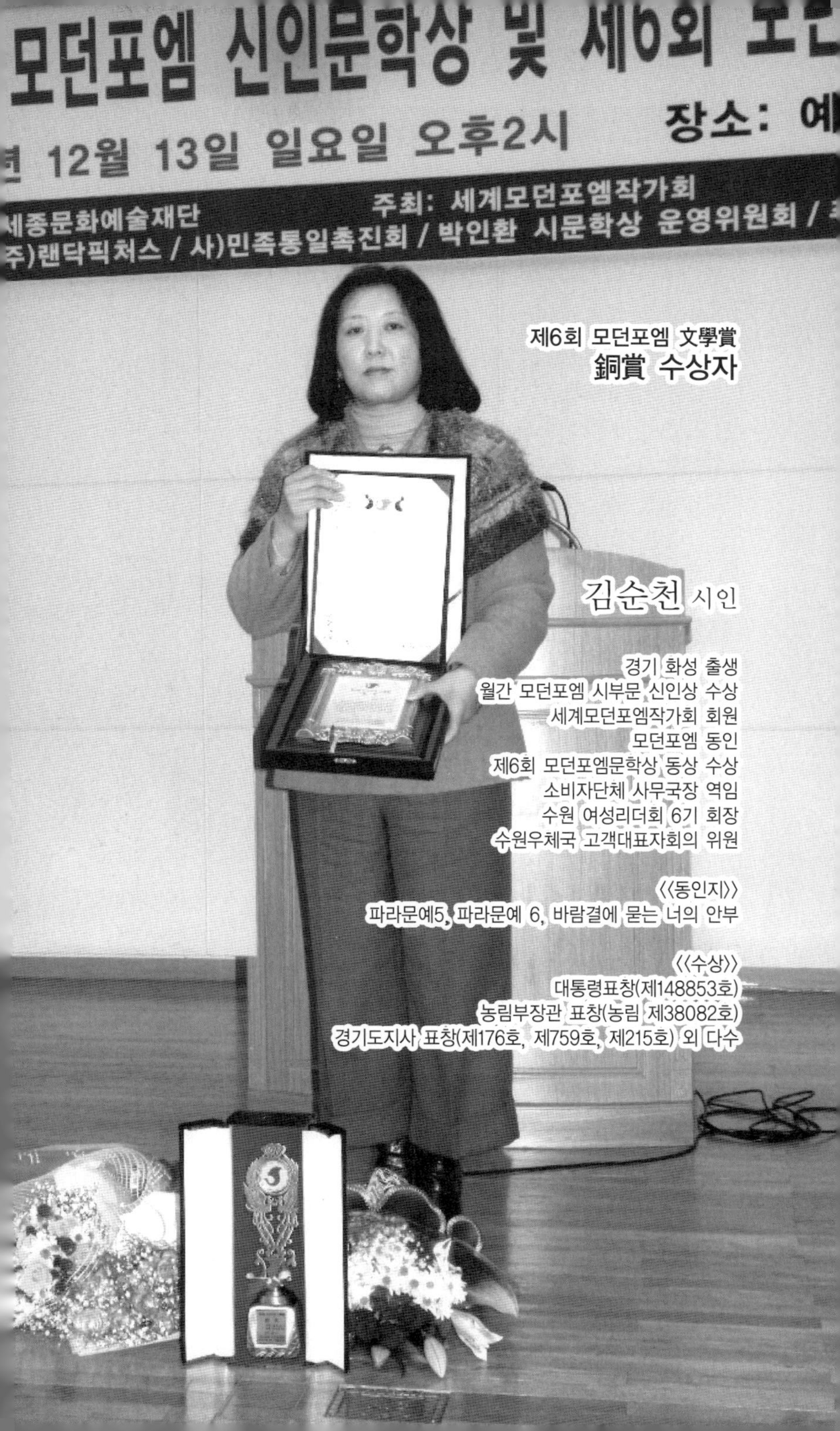


제6회 모던포엠 文學賞
**銅賞 수상자**

## 김순천 시인

경기 화성 출생
월간 모던포엠 시부문 신인상 수상
세계모던포엠작가회 회원
모던포엠 동인
제6회 모던포엠문학상 동상 수상
소비자단체 사무국장 역임
수원 여성리더회 6기 회장
수원우체국 고객대표자회의 위원

《동인지》
파라문예5, 파라문예 6, 바람결에 묻는 너의 안부

《수상》
대통령표창(제148853호)
농림부장관 표창(농림 제38082호)
경기도지사 표창(제176호, 제759호, 제215호) 외 다수

# 봄은 멀지 않으리

김순천

빈 가지 사이로 바람이 불 때마다
휘파람 소리를 내던 겨울이
끝내, 무연無緣의 먼지로 산화할 때
또 하나의 계절은 오리라
선잠 하얗게 새우던 날들이어도
헐어낸 마음 벽에 부도의 촛불을 켜면
먹먹한 생각을 가로지른 시간은 저물고
설움 어우러진 사이로 보람이 온다고 했으니
시나브로 밝아오는 어둠의 들녘 검불진 잎새엔
아직도 소리처럼 싸늘한 바람 불고 있어도
해맑은 길섶에 서서 기다리는 내일은
춘설에 새순 돋듯 경이로 넘쳐나리라
기다림의 날들 저편
삼라의 뜻으로 손 흔들고 오는 푸른 잎새처럼

## 수·상·소·감

마음에 어둠이 지면 생각도 비뚤고 시야 흐려져 별것 아닌 것이 별것처럼 보이지만 스스로 깨어나기 위해 부단히 노력한다면 서서히 어둠 벗어 바로 보이는 세상이리니, 더러는 세월 속에 하 많은 후회 남아도 등불 하나 켜 두고 같은 전철을 되밟진 않아야겠지. 천금을 주고도 못 사는 생이거늘 세상 비켜 가는 꿈은 접고….

마음을 쓴다며 시의 언저리를 어쭙잖게 기웃거리다.

'이젠 나도' 하면서 등단의 문고리를 당기던 어느 때가 새삼 기억이 됩니다.

아직도 부족함에 머물러 갈피모를 곳에 서 있는 느낌을 숨길 수는 없지만 길이 없는 곳에 길을 내듯 시의 마음자리를 넓히며 따스한 시선과 가슴으로 영혼의 창을 닦고자 하는 자신을 알기에 언감생심 생각조차 못한 문학상 수상을 창작활동에 가일층 매진하라는 편달로 알고 노력하겠습니다.

저무는 2009년 끝자락에 영예로운 수상의 기쁨을 주신 전형철 발행인님을 비롯한 심사위원 여러분께 머리 숙여 감사드리며 월간 모던포엠의 무궁한 발전을 기원합니다.

김순천

신작시

# 백목련아 외 8편

김순천

봄바람 살 부비는 감촉에
가지마다 화색이 돌더니
까실하던 봉우리가
제법 벙글기 시작한다

오랜 날 무명의 밤을 참아내며
한 번의 절정을 위해
담금질한 영혼을 피우려
수줍게 마음 여는 너

이제나 저제나
가뭇없는 기다림이어도
열나흘 달빛에 적신 살결 보이며
살포시 미소 지으니

섭리가 갈라놓은 자리에
움츠렸던 꿈
화사한 햇살 아래
좌정하며 피어난다

오! 희고 순결한 꽃이여
너의 이름 불러보는 날엔
앞지른 사랑에 서러운 봄날이어도
뜨락엔 향기 가득하리라

# 새로 맞는 아침은

김순천

답답했던 어제의 창에
금빛 햇살이 찾아드니
흐린 기억도 물러난 듯
마음이 맑다

유성우처럼 내리던
그리움의 편린을 세며
희비의 낯섦 안고
안으로 삭이던 날들 동안

침묵의 무게만큼
파행의 변주소리 커져 가도
메마른 헛웃음으로
대신하려 했던 삶의 굴레

이제는 꿈빛 지워진
시간의 잔영 씻고
새순 돋는 삶을 위해
얼룩진 생각을 다듬는다

# 쉰, 그 길에

김순천

산 날과
살 날을
반으로 접은 그쯤

어디에도
미혹되지 말라는
마흔줄을 놓지 못하고

가버린 것들을 향한
가버릴 것들에 대한
대립각을 세우고 있다

스스로를 가두는 에고이즘에
의식의 언어 떠나도
저항하지 못한 채

오직 남아 있는
추억을 조율하며
삶의 도돌이표를 찾고 있다

누구라도
어찌할 수 없는
시간의 관성 앞에서

# 오후의 한 때를 바라보다

김순천

수직으로 꽂히던 태양이 설핏 기운 시간
맑은 바람이 푸석한 얼굴을 보듬고 간다
기력 잃고 나른해 하던 아지매 한껏 기지개를 켠다
멀리서 낯익은 선율이 이어지다 끊어지길 두어 차례
들리나, 볼 수 없는 형체를 찾아
거실로 향하는 이마 위로 단말마가 비행을 한다
동공은 실어증에 걸린 듯 벙벙하고
가슴은 세찬 방망이질을 멈추지 않는다
물을 들이킨다
목울대를 넘는 소리가 벼랑으로 떨어진다
이내  길지 않은 샛길로
풀피리 소리를 내는 한숨이 걸어 나온다
무슨 일이 일어난 걸까
평상심으로 돌아와 주변을 돌아보니
때때로 행위 없는 일탈을 주동하는 마음처럼
고정의 무심에서 탈출을 시도한 못으로 인해
바닥에 내동댕이 쳐진 시계가 내장을 드러내고 있다
그러나 그 사이 어둠 문 태양은  저녁 바다에 제 몸 뉘고 있으니
문지방도 못 넘은 탈출은 가위 남가일몽이었나
벗어날 수 없는 유한 세상에서 의식은 진통을 해도
여전히 지구는 돌고 있다

# 죽비 소리

김순천

동지 기도로 불심 가득한 도량
삼보에 지성귀의하고
일체종지 발원과
반야바라밀을 향한 독경으로
예불을 마친 후 정좌한다

탁
　　　　탁
　　　　　　　　탁

허공에 획을 긋듯 내려치신
스님의 죽비 소리로 정근에 들며
삼생을 생각한다

나는
미생이전未生以前 무엇이었기에
연緣을 지어 현생을 살고 있는지
남은 생 어찌 살아야 하며
내생來生엔 무엇이 되려는지

알게 모르게 지은 죄업 많아도
보리의 길에 들길
간절히 원하는 참회 깊어진다
잠깐의 성찰이 잠든 의식을 깨운다
바람에 우는 풍경처럼 가슴이 우는소리 들린다

# 혼자의 시간 밖에 서서

김순천

해를 밀친 하루의 끝에 서서
지평선 넘어가는 해자락을 밟고
너른 들판길 온통 지천인 망초의 노래를 들어보자

속살까지 멍든 도심의 가슴을 열고
눈물 매단 날들의 넋두리 내려놓으면
온몸으로 피워 낸 들풀들의 쓰라린 삶을 보리니

숨가쁘게 살아온 날들 길어도
맵찬 바람이 휘젓고 간 빈들에 펼쳐진 이야기는
한낱, 밝아오는 새벽을 향한 갈망이었음에

날마다 찾아올
시간을 따라
조금씩 걸어간다는 것이 얼마나 소중한 일인가

내일이 오는 기대에
오늘은 목청껏 웃을 수 있으니
남루 걸친 생각 떨치고 살아 눈부신 삶을 힘차게 안아보자

# 엄마의 봄

김순천

바람벽 아래 피어난 풀꽃 같이
집 울타리 안이 우주인 양
삼종의 길에서도
눈 한번 치뜬 적 없던 여인

어깨에 내려앉은
80년 세월만큼 관절 불거
뼈 마디마디 아파도
내려놓지 못하고

지팡이에 이끌린 노구(老軀)
망각의 피안으로만 퇴행하더니
햇살이 봄 캐는 삼월 한 날
통도사 도량에서 허리를 편다

삶의 보따리를 풀어놓은들
뉘라서 질곡의 사연을 알까만
겨울 자락 놓으며 꽃봉오리 여는
홍매화의 눈부심에 머문 독백

꽃은 져도 다시 피건만
한번 간 사람은 다시 못 오니
저승꽃 진 자리에
저 꽃들처럼 다시 나고 싶다

아!
첩첩 쟁인 인연줄이 버거웠을까
매달린 생의 무게에
제 눈물겨운 목어가 운다

어디선가 몰려오는 찬바람 사이로
무수한 흰나비 떼 날아오른다

# 이별의 서

김순천

바람이 불 때마다
마음 안에서 흔들리던 것들이
피리소리를 내면

장막 치는 시계視界 너머로
루비콘 강을 건너던 기억들
하나씩, 둘씩 바람의 무게로 난다

알파요, 오메가이길 바라며
그지없이 사랑하겠노라던
기도소린 어디로 갔을까

침묵과 침묵 사이에서
어색한 웃음만 짓던
그날 이후

엇갈린 세월의 자리엔
마침표만 총총히 찍히고
미명으로  되가고 있으니

유정이 여기까지라면
삶의 비망록에 적힌 한 때를
다만 추억해야 하는가

가슴에 매달린 그리움
아직도 내려놓지 못하고
마지막 말은 한 적 없는데

빗금 친 해를 따라
시간의 건널목에 기댄 하루는
저문다는 게 무엇인지 알려주고 있다

# 어느 봄날의 풍경

김순천

명지바람이 살갗을 애무하는 하오

봄앓이 하던 꽃들이 멀미를 해대니
초록내음으로 그늘 엮던 실가지
하늘을 끌어당겨 초서를 쓴다

무어라 썼을까
어디선가 높쌘구름 한 떼 몰려오고
새들의 잔기침 소리 들린다

설핏 졸던 해님 화들짝 놀라며
풀린 앙가슴 여미느라
양 볼이 발갛게 물든다

하얀 여울 턱으로 노을이 내려앉는다

제6회 모던포엠 文學賞
**銅賞 수상자**

**청암 박종우 시인**

서울 금천구 생
대경대학 졸업
월간모던포엠 시부문 추천작품상
세계모던포엠작가회 회원
모던포엠 동인
법정평론사 편집부 차장
금천구 지방의원, 금천구 향토사 연구소장
국사편찬위원회 사료조사위원
금천문화원 원장
국민훈장 목련장 수훈
제6회 모던포엠 문학상 동상 수상

# 난(蘭)

청암 박종우

꽃대 가냘픈 섶에 묶인 채
나이 어린 연노란 꽃
수줍었던지 아무도 모르게
어느새 슬그머니 솟아 얼굴 내민다.

소중한 정성 얼마나 기다렸기에
겹겹이 쌓아 깊숙이 숨겨놓은
은은한 향기 올해도 피워
다섯 꽃잎으로 세상 바라본다.

잎은 잎대로 가냘픈 美人이요
꽃은 꽃대로 香水 날려 맵시 접어
黃金寶物 가득 머금고 빵끗 웃어
밝고 맑은 *紅爐點雪 이로다.

난을 키우는 蘭心이 다가가
꽃대 올렸다는 자랑의 포장이
낭패 당하는 어제를 생각해서
얼마나 조심스레 인정하고팠던가.

정성에 화답하는 꽃대
올리는 인내 승화하는 내면에서
삶의 진실 깨달을 수 있다면
나는 진정한 愛蘭人이라 하겠노라.

## 수·상·소·감

초원에서 자유를 만끽하는 말이 달린다. 구애받지 않고 달리는 것이 즐거운 듯 콧김 서리는 줄도 모르고 마구 달린다.

이를 보는 관객들은 야생마의 질주라 말한다.

나는 엊그제 지나온 그리 짧지 않은 인생경험으로, 또는 여행을 바탕으로 황급히 시세계(詩世界)의 문을 열고 들어섰다.

그리고 '견시불 사시의(見詩不 思詩意)' 라는 말인 "시만 보지 말고 시에 담긴 뜻을 생각하라"는 충언에 열심히 하려 했다.

자연히 숙고(熟考)하여야 하기 때문에 깊어 가는 밤의 시간은 인고(忍苦)에서 오는 또 다른 즐거움으로 보상받았고, 텁북숭이 자구(字句)는 미련한 원고지에 채워졌다. 그리고 피~식 입가에 의미 없는 미소가 실성(失性) 맞은 이들처럼 스쳐간다.

이것은 자칭 황홀한 작품이 탄생되었다는 것보다 아직도 모를 지나침에서 오는 부족감 때문이리라.

나는 문학에 대한 애착이 살아오면서 의식하고 있는 그 무엇보다 더 집요하게 뿌리 깊었다고 할 수 있다.

누가 뭐라 해도 문학에 대한 애착 때문에 밤샘을 마다하지 않고 읽기와 쓰기 버릇을 버릴 수가 없었다.

그것은 누군가를 사랑하게 될 때, 끊임없이 그 사람 생각에 빠져 있어 행복을 느끼는 것처럼 말이다.

어느 날, 갑자기 수상의 소식이 사실 같지 않게 들려왔다.

기라성 같은 수많은 선배 동료들이 왕성한 작품 활동을 계속하고 있다는 데에서 더욱 그러했고, 현존하고 있는 일부 작가들과 격의 없는 교분을 나누면서 많은 것들을 배워나가는 현실에서는 더 할 나위 없었다.

이제 모든 것이 사실화된 입장에서 벅찬 가슴 추스려 본다. 야생마 같이 빠르게만 질주한 것으로부터 세련미를 갖추어 보라고 격려채찍을 보내는 것이라고 자숙한다.

때문에 탈피의 아픔을 무릎 쓰고 체구를 늘리려 겨울밤을 지새워야 하겠다.

그것이 나의 시문을 애정어린 마음으로 읽어 봐 주시는 모든 분들께 최소한의 감사를 드리는 것일 게다.

사랑을 할 때도 멀미를 일으키듯 시작 속에서도 멀미를 일으키는 감수성이 새록새록 돋아나는 무한 계단에 오르자.

자아실현을 위하여!

청암 박종우

신작시

# 신선 사는 곳 외 8편

청암 박종우

예로부터
삼성산은
신선 살던 곳이라 해
어느덧
숨 몰아 앞세우며
신선 만나러 찾아갔건만
만화방창 봄은
괴암 사이에서 먼저 흥겹고
구름은 산허리 휘감아 천상이로다.

가득 찬
한우물엔
황금빛 소나무 너울거리고
호암산성 오르는 돌길에는
짐승 발자국 어지러운데
몰아치는 바람 타고
산 속 절에서는
갈팡질팡하는 꿈
처절한 풍경소리 들려온다.

# 국화향기에 시름 씻고

청암 박종우

한가롭듯 번뇌 잡고
시름 잔(盞) 맴돌며
만추감(晩秋感) 애절해 주체 못할 때
은은하게 비류(鼻流)하는 국화 향기
허덕이는 초로인생(草露人生)
수심(愁心)에 찬 깊은 맘 씻겨주네

만사에 고뇌하는
풍수지탄(風樹之嘆) 저 나그네
북류(北流)하는 한내(漢川)에
시름 가지런히 씻고
명암순응(明暗順應) 현안(賢顔) 지으며
노니는 송사리 보며 함박웃음 피어라

# 寒雪 智慧

청암 박종우

춥사리 추운 북풍한설(北風寒雪)에
은백(銀白)의 꽃들이
가지마다 설화 맺고
지상마다 소복이 덮였네.

난무(亂舞)한 어제
이기의 부산물(副産物)로
거리마다
어지럽게 도배(徒輩)했지만

토끼나라 방아소리
역동으로 밤샌 오늘
눈부신 순백
온 누리를 덮었네.

신미(新美)로워라

육각(六角)의 꽃잎
포개지고 쌓여져도
억압하지 아니하는 이성
지혜롭고 애인여기(愛人如己)하구나.

# 수다쟁이 꽃동네

청암 박종우

수다쟁이 꽃들이
모여 사는 내 동내
아기빰 아기손 어루만지며
눈구슬 혀구슬 바쁘기도 해라

수다쟁이 꽃들이
모여 사는 내 동내
시어머니 속마음 훔쳐다 내어
내 동무 네 동무 돌려다 보네

수다쟁이 꽃들이
모여 사는 내 동내
남편바지 조바심 뒤집어 놓고
조심조심 조마조마 담금질한다.

# 삶의 터전으로 오라

청암 박종우

희망고픈 사람들이여!
北流하는 한내 거슬러
금천으로 오라!
관악산 넘어 호암산 기슭으로 오라.

바람에 黃金 물결 춤추는
광명 들녘을 지나
넉넉히 모자란
그대여 오라.

거미도 집을 짓고
개미들도 뛰어 놀고
벌들도 찾아
恣樂하는 삶의 터전

희망 솟구치는
이곳 基壇 되어
너를 반긴다
衿川이 너를 반겨 주리라.

잉벌로가 곡양 되고
곡양이 금주 되고
또 다시
금천이 된 母胎에

내가 먼저 준 인심
다정한 이웃 되고
웃음 손 어루만져 주는
유토피아 금천으로 오라!

# 5월의 작약

청암 박종우

작약이 핀다
춥지도 덥지도 않은
5월에
하얀 꽃잎으로
순백 세상 만들려 한다.

소박한 듯
화려함이 배어 있고
화려한 듯하여도
청아(淸雅)하여
아름다운 귀부인이로다.

앉아 있는 작약
다소곳한 자태
담 너머 골목
응시하는 미인으로
장미꽃 물끄러미 바라다본다.

엊그제
차가운 눈 헤치며
성급히 핀 매화
무엇이 그리 바빠
따뜻한 날 기다리지 못했는가.

지난해 국화도
늦서리 맞아가며
노란 꽃 피어
인고(忍苦)의 정
애절한 사랑 가르치려 했었는데

그래도 작약은
너무 늦지 않게
너무 빠르지도 않게
녹색의 산야
5월의 좋은 시절 기다렸구나.

벗이여!
한 세상 고된 멍에
짊어지려 하지 말고
작약처럼 여유 찾아
기쁨 평화 사랑
호시절 길이길이 누려나 보세.

# 5월의 끝자락

청암 박종우

금천의 땅
아름다운 봄 풍경
어이 그리 기이한가

티 없이 맑고 고운
여인네의 수줍은 모습처럼
함박꽃은
요염토록 곱게 아양 떨고

해당화는
소년의 울음
붉은 한 송이 꽃으로 피어
잠에 곤해 비스듬히 누웠는데

꽃다운 시절
잔(盞) 잡고
시절가로
세상 감을 안타깝다 하네.

# 살가웠다네

청암 박종우

살가웠고 달가웠다네.

그대가 다가오는 발걸음이 살가워
멀리서 바라보는 눈길도 살갑고
가슴 속 설레는 미소도 살가웠네.

그대가 속삭이는 말이 살가우니
부드러운 손길도 살포시 살갑고
몸짓은 덩달아 살갑고 살가웠네.

귓가에 들리는 그대의 숨소리도
천사의 숨결 같아 살가웠지만
그대의 입술은 더욱 달가워
비몽사몽 간에도 달가움을 알았다네.

# 꿈과 理想

청암 박종우

내일은 모른다
모르기에 꿈이다
꿈은 그래서
이루고 싶은 存在다

존재는 고달프고
이상은 望樓와 같아
높고도 높은 곳에서
신기루처럼 아롱거린다.

넘볼 수도 없고
넘을 수도 없는
내 마음이
바로 신기루 이상이로다.

# 여름

청암 박종우

여름이 익어간다
감숭감숭한
청포도도
알알이 익어간다

어느새 여름은
봄으로부터
이미
넘겨받은 걱정거리로 가을을 부르고

해거름
노을의 열정
땀투성이 천지를
장밋빛으로 물들여 갈 때

선자(扇子)
부채질 품 안에서
안온한
여름의 하루를 정리한다

제6회 모던포엠 文學賞
**최우수 신인상 수상자**

**김태경** 시인

강원도 진부 생
월간 모던포엠 시부문 신인상
세계모던포엠 작가회 회원
모던포엠 동인
월간 모던포엠 편집위원
全人文學 회원
'섬' 동인
'두드림' 시동인
'서울시 낭송클럽' 상임위원
평촌 종로학원 언어강사
연당 언어논술 학원장
2009 모던포엠문학상 최우수 신인상
제6회 모던포엠 최우수신인상 수상

# 세탁소

김태경

꽃이 피는 시간에
파도가 밀려오고 있다.

밀려온 파도를 하나 집어
검은 속 뒤집으니
사람들의 비늘이 하나, 둘 떨어진다.

눈 내리던 날, 그녀의 사랑이 뒤집어지고
눈 내리던 날, 그녀의 이별도 뒤집어진다.

또 밀려온 겨울을 집으니
무거운 삶에 축 늘어져 있던 어깨
오그라든 아버지의 비애가 툭 떨어진다.

그가 비애를 하얗게 빨아 널면서
그렇게 우리들의 비애를 말리고 있다.
우리의 겨울을 착실하게 말리고 있다.

붉은 꽃 지는 날
그는 다려진 어둠에 앉아
겨울을 다 빨면서 봄으로 걸어가고 있는 중이다.

## 수·상·소·감

고향, 강원도 진부를 떠나 타향살이 수십 년이 되어도 마음에는 언제나 칡순이 자라 산을 휘감고, 싸리꽃이 하늘거립니다.

5월의 눈부신 태양 아래에서 누구보다 땀의 가치를 믿고 달개비 뽑으며 한 세상 살아가는 아버지를 생각하면서 살아왔습니다. 늘 외로웠고, 속울음으로 살아오면서도 들꽃, 강물, 오대산, 물안개, 비탈진 곳에서 우는 산새의 울음을 실핏줄 곳곳에 피우고 흘려보내며 살아왔습니다.

그러나 이제는 외로움이 꽃이 되고, 새가 되어 노래로 흘러나옴을 알았습니다.

누구나 잠재된 심연 깊숙이 자리 잡고 있는 맑은 샘, 그 샘은 그냥 고여 있는 것이 아니라 누군가를 만나기 위해 기다릴 뿐, 그 맑은 물을 길어 올려 세상 사람들에게 퍼 주는 두레박, 저에게 그 두레박은 '월간 모던포엠' 문예지였고 만나서 행복한 2009년이었습니다.

'월간 모던포엠' 최우수 신인상을 받으면서 저에게 더욱더 시 창작에 매진하라는 말씀과 함께 맑고 향기로운 글로 보답하리라 다짐합니다.

끝으로 월간 모던포엠 전형철 발행인과 유창섭 주간님께 감사의 인사를 지면을 통해 전합니다. 고맙습니다.

김태경

신작시

# 잔고(殘高) 외 8편

김태경

햇살 한 줌 넣어
잔고를 채울 수 있다면
달랑거리는 하루
슬프지 않으리라.

찬바람 부는 적막한 아침
똥개가 등 핥듯이
나를 핥으며 새벽길에서
놀이터 빈 그네 위
밤새 서럽게 몸 마른 잎처럼
불안하게 그네를 탄다.
조금만 더 가면
삶의 허기도 채우리라
눈 감고
서러운 신음도 감추고 사는
첫사랑 아내에게
손톱 밑 까만 슬픔도 잊고 살자
붉은 가슴 청년의 연서!
이른 새벽에 보낸다,
햇살도 동봉하여

강물 한 줄기 끌어다
잔고를 채울 수 있다면
울먹이는 목숨
견딜 수 있으리라.

# 부부(夫婦)

김태경

사랑은 백지 한 장
영혼의 화인(火印)을 찍는다.

촛불 켜고
하객들 앞에서 곱게 풀칠하면
드디어
둘이 하나요
하나인 듯 둘이다.

서로의 면으로 찬바람 막아주고
서로의 가슴으로 나누는 온기
햇살 톡 톡 건드리며
눈빛 맑은 아이들이 세상으로 나온다.

# 부부(夫婦). 2

김태경

가끔, 하나를 둘로 찢고 싶다고
진흙밭에서 은밀하게 악쓰는 울음
찢어진 속살을
상상화 속에 넣어 본다.
너풀거리는 살점들이
푸줏간에 걸린 고깃덩어리처럼
흔들리고 있다.

아니지, 아니다 고개 흔들며
흐르는 강물 따라
거칠어진 손 맞잡고
노을진 바다에 다다른다.
해는 지고 있으나
두둥실 행복은 달로 뜨고
달빛 물든 주름진 얼굴이 살갑다.

# 내가 만든 감자떡

김태경

찬바람 맴도는 가을 밭
뒹구는 감자 하나 둘 주워
함박눈 속에 숨겨 두었다가

차갑게 얼어버린 슬픔
썩어서 버려진 덩어리는
서럽게 익어 따뜻한 사랑이 된다.

봄산 흐르는 물로 맑게 씻어
햇살에 내어 놓으면
곱게 익어 행복이 된다.

세월도 견디면 사랑이
시간도 익으면 행복이 되는
나의 시(詩)

봄날 눈빛 맑은 사람들이
들꽃처럼 찾아와
사랑 한 입 베어 먹으면 좋겠다.

# 청산에 살면서

김태경

싸리꽃, 칡꽃, 도라지꽃
산새 소리에 핀다.

산새가
꽃향기에 입맞춤하면
나비 한 마리

길을 잃는다.
길을 잃는다.

세상으로 나가는 길목마다
더덕향 그윽하니,

그만 눈을 감는다.
나비가 눈 감는다.

# 도피안사

김태경

연꽃 위로
풍경소리가 흐르는
피안의 아침.

너른 뜰 안
느티나무는 홀로 청정하다.

번뇌를 끌면서 달려온 천릿(千里)길

비로소 만나는 온화한 미소
철조비로자나불

천 년 동안 기다려
수인(手印)으로 녹여주는
공허의 꽃.

# 겨울 연가

김태경

고달픈 하루가
평화를 찾아 돌아와도
송곳 목소리
비애를 파고드는 문턱에서
나는,
칼끝에도
찢기는 얇은 종이다
울타리 밖에서
겨울 벌판
슬픈 고양이가 된다.
어스름 길
외진 산기슭에서 울다가
소나무 가지에 걸린
초승달 바라보며
화음(和音)을 그리워하다가
낮술에 취한 노래
갈지자로 흐른다.

# 고석정(孤石亭)

김태경

한탄강에 뿌리 박고
억년의 세월
견고한 외로움으로 참선하는 바위
흐르는 물소리 벗 삼아
태초의 침묵 그대로
무욕의 경지에서 쓰다 달다도 없이
묵언 수행하고 있구나.

달빛 흐르는 밤에도
눈부신 햇살 아래에서도
금강의 자세로 살아가는 선승(禪僧)
세속도 아스라하고
산새는 흔적도 없이 날아가는데
장삼자락 휘감을 듯 흐르는 물소리로
온몸에 금빛 소리 뿌리며
고요의 뿌리까지 적시는구나.

깃털 같은 시간도
영겁처럼 흐르는 오후
청옥(靑玉)처럼 흐르는 물에
번뇌도 하나의 묵은 업장(業障)
띄워 보내라,
선승은 말 없는 말을 보내는구나.

# 빈 술잔

김태경

그대가 떠나고 남긴 빈 술잔에
이승의 작은 입술이 남아 있구나.
때 되면 산으로 간다고
중얼거리던 음성은 바람 속에서
찰랑거리는데,
울음만 가득 찬 잔을 바라보는
그대여,
들장미 붉은 하늘로
오늘 꼭 올라가야 하는가
닿을 수 없을 듯 그 길이
산도화 피는 숲에 숨어 있다가
아침 햇살에 젖을 때
산새 울음소리로 깨어나서 검구나.
비 내리는 북망의 아침
요령 소리 벗 삼아
떠나는 그대가
덜 채워야 행복하다 웃는 얼굴로
상 위에 빈 술잔만
지긋이 보고 있는데
문득 바람결에 들려오는 음성
나도 한 잔 채워 줘!
빗물 젖은 어깨를 털면서.

제6회 모던포엠 文學賞
**최우수 신인상 수상자**

## 한명숙 시인

제주출생
제 5회, 7회 환경부장관상패 전국여성환경백일장 시부문 장원
위민넷 사이버멘토링 여성가족부장관상 모범멘토링상
제 6회 실로암문학상 대상 시부문 등단
월간 모던포엠 시부문 신인상 수상 등단
제6회 모던포엠 문학상 최우수 신인상
– 제5기 강원여성 리포터(前)
– 장애여성단체 사) 내일을여는 멋진여성 중앙회 부회장(前)
강원도 협회장(前)
– 2007년 인터넷장애인신문 에이블뉴스 칼럼니스트(前)
– 인제도서관 독서지도사
– 반편견이해교육 강사, 사회복지사, 한부모가정지도사
– 인제지역자활센터장(현)

# 빗소리

한명숙

후미진 어둠의 경계 밖
곤고하던 내면 의식 속
오랜 사변의 충돌로
밤의 적요는 장막을 거두고

응달진 뒤란
옷 섶 풀어헤치는
7월의 장맛비 소리
한 맺히게 들리든 그날

메밀꽃 흐드러지게 피어나
님의 고운 숨결 가두어
울먹이던 하얀 박꽃처럼 속살 섞으며
미련으로 남아 애련히 떠도는 님의 모습

침묵을 사선으로 가르며
음습의 그늘을 빛으로 쪼개는 회억을 뚫고
쉼 없이, 밤을 새워 달려온 빗줄기는
평생을 목 놓아 그리워했던
쉰넷의 일기로 하늘이 별이 되신
나를 부르는 내 어머니의 처절한 호명인 듯

하늘에서 지상으로 떨어지는
강렬한 흑백의 그리움은
설움에 잠긴 목젖을 샅샅이 훑으며
가슴 죄어 오던 가늠할 수 없었던 시간의 연속,

지금도 내 울 안에 비 내린다
서러운 하늘길 에돌아 가시던 그 길에
바람처럼 내려오던 빗소리는
물비린내 풍기며
여태 내 가슴에 피멍울로 남아 있다

수·상·소·감

## 눈물은 열매를 맺게 한다

어린 시절 보름달을 보면서 소원을 빌어본 적이 있다.

지금은 무슨 소원이었는지 잘 기억나진 않지만 동그란 손을 합장하고 절대자에게 기도하듯 혼자만의 은밀한 재래를 치루곤 했었다. 요즘에도 가끔 아주 쓸모없는 일인 줄 이미 알고 있으면서도 두 손 모아 소원을 빌어보기도 한다.

누군가가 짝사랑의 추억은 오래 묵은 포도주와 같다는 말을 했는데 난 고향의 흔적을 오래 묵은 포도주라고 말하곤 한다.

고향은 늘 가고 싶고 문득문득 그리워 떠올리면 오랜 심성을 이끌어내어 나의  시발이 되기도 한다.

타인의 온기가 조금은 그리워지는 요즘, 월간 모던포엠의 최우수 신인상을 받으라는 메시지였던 같다.

봄만 되면 향수병에 가슴앓이 하던 시간을 돌이켜 본다.

어쩌면 이 덕으로 내년에는 무사히 지날 수 있으려는지도…….

'고통은 씨를 뿌리는 일이고 갈망은 꽃을 피우는 일이며 눈물은 열매를 맺게 한다'

어느 책에선가 감명 깊게 읽었던 구절이다.

언제부터인가 전에 없이 좋은 글귀들을 보면 가슴 뭉클하게 다가서곤 한다. 나도 이젠 누군가가 내 시를 읽으면서 오래도록 기억하고 싶은 가슴 뭉클한 글귀 하나 남기고 싶다.

월간 모던포엠 관계자 여러분께 감사하다는 말을 가슴 깊이 전하고 싶다.

한명숙

# 고라데이 외 8편

한명숙

몸살을 앓았다

군데군데 허공으로 살을 채운
몇 개 남지 않은 단풍들이
아직도 계절의 아쉬움을 붙들고 있는 걸까
어깨를 부딪칠 때마다
무언가를 아쉬워하며
스스로 몸을 차르르 떤다

어제만 해도
줄을 지어 오색에서 한계령까지
움직이지도 않고 서 있던
차들의 행렬은
먼
이국의 이야기처럼
가슴속을 휑하니 뚫고 지날 뿐이다

외로운 사람들의 낮과 밤을 지나
힘겹게 자리 잡은 터
가난의 살내음이
서러운 등골을 타내려
굳게 자리 잡아
한계령의 가벼운 이별들을
묵묵히 지키고 서 있다

* 고라데이 – 골짜기의 강원도 방언

# 아버지

한명숙

어젯밤 한숨도 못 주무시더니 벌써 깨셨나 보다
가래 섞인 기침 소리 두어 번
골연에 성냥불 붙이는 소리가 들린다
새삼 새로운 일이 없는 하루가
그렇게 또 시작된다
마지막 비행기에 몸을 실었던 핑계로
밤새 뒤척이는 소리를 들으면서도 외면하고 말았다
아직도 군불을 피우는 부엌이 지겹지도 않은지
으레 아궁이 속으로 파고든다
불을 지피는 게 여의치 않으면서도
일곱 자식 불효 만드는 일을 하냥 하시는가보다
어머니 안 계신 친정 나들이에
조심스레 아침을 준비하고 계시리라
볏짚에 꼭꼭 싸서 매달아 두었던 쇠고기도 국을 끓였을 테고
청승맞게 손수 담으신 된장도 뚝배기에서 보글보글 끓고 있으리라
이젠 일어나야지 하는 생각 뒤로
어느새 아버지 발자국이 골목 어귀를 나가는 소리가 들린다
고집쟁이 노인네
큰아들이 사준 경운기도 있건만
빈 자루를 턱 걸친 지게를 지고 나가신다

# 정동진 역

한명숙

작열하는 태양이
오열을 하듯 토해낸 붉은 바다
시선이 한곳을 응시하면서
동공에 들어온 바다를
온몸으로 받아내고 있었다
바닷속으로 파르르 떨면서
각질을 벗겨낸 알몸이 던져지고
바다는 검푸른 빛으로 변했다
아무것도 분간할 수 없는
가끔 요란한 소리를 내며 비행하는
빛
조금씩 흔들리는 바다
침묵의 시간이 몇 겹이 지나
가느다란 흔들림으로
존재를 알리던 고기잡이 배
다시 하얀빛으로 몸을 드러내
수평선 너머를 붉게 물들이며 다가오는
아침바다

# 어머니의 과수원

한명숙

어이구 이놈의 팔자 개도 안 물어 갈 팔자
전생의 무슨 죄를 그리 많이 지었길래
땅 아래로 한 뼘쯤은 내려갔으리라
약속은 어김없이 찾아온다
이유없는 어머니의 푸념은
결국 지는 해를 잡지 못한다
열여덟의 버려진 청춘이
세상 밖으로 내놓는 외마디 열정
설익은 햇살로 열매를 밀어내고
제 몸 삭아 수분으로 잉태한 가을은
톡톡 튀는 맛으로 빛깔 내며
과수원을 꽉 채운다
어디에도 어머니의 한은 없다
땅 주인이 바뀌 몇 해를 더 살았어도
전생의 죄의 몫은 아닐듯 싶다
어머니의 무덤처럼
반월 모양으로 뒤엉켜 아우성 치는 가을은
또 다시 어머니의 과수원을 벌겋게 물들인다

# 어머니의 향기

한명숙

장마를 몰고온 빗줄기가
처마끝으로 몰렸다
뚜루르륵 뚜루르륵
폭포수가 되어 떨어진다
장대처럼 쏟아지는 새벽
희미하게 새어나오는 그리움이
헤이즐럿 향기의 아련한 추억처럼
가슴속을 파고든다.
"숙아 시원하게 한사발 타 온".
하얀 그림자 드리우며
땀에 뒤범벅이 된 수건이 살며시
목덜미 아래로 내려진다
"휴우".
긴 한숨을 토해내며
냉수라도 들이키듯 단숨에 그릇을 비운다
엄마, 커피가 무슨 냉수야".
그러거나 말거나 툭툭 털고 뉘엿뉘엿 지는 해
붙잡으려 텃밭에 쪼그리고 앉는다
내 오랜 꿈처럼 달짝지근한 그리움의 향기
이 비가 그치고 나면
냉수처럼 한사발
보온병에 커피를 타서 어머니 산소에 다녀와야지

# 강현면 폐허를 달리다

한명숙

1.
거대한 화마가 휩쓸고 간 침묵
우리가 사랑했던 시간의 엄숙함은 어디에도 없다
손끝으로 가볍게 부서지는 아픔
폐허로 밤을 새운 빗줄기가 가난이라 말한다.
몇 년은 지나 버린듯한 시간은
오래된 각질처럼 힘없이 떨어져 나가고
화마에 맞서 다 쏟아 낸 정열은
부둥켜 안을 힘조차 잃어버린 채 넋을 놓아 버렸다.
얼마 되지 않아 잊혀져 갈 땅 강현면
아! 숨이 막히도록 참담한 시간
내가 달려서 끝날 수 있는 고통이라면
숨이 멎을 때까지 달리고 싶다

2.
세상에서 얻을만한 기쁨은 없다
새벽을 밝혀줄 몇 개의 별
공허함이 도둑처럼 다가온다.
서러운 사람의 숨소리만 거칠고
저승사자처럼 서있는 웅장하던 숲
꿈처럼 지나버린 순간
무너져 버린 자연은 그렇게 검게 서 있을 뿐이다
이제 남아있는 삶!
살아야 한다

3.
한계령 정상
난 늘 하던 대로 큰 심호흡을 한다.
아무 일도 없었던 것이다
강현에서 내다보이는 찬란한 대포항의 네온사인
그냥 악몽이 지나갔을 뿐
부끄러움으로 뒤를 돌아본다
한 줌도 안 되는 값싼 동정의 눈물은
한계령을 오르며 이미 퇴색해 버리고
약속 없는 내일의 꿈들이
이제야 서러움이 되어 가슴속에 묻힌다

# 손이 아프다고 말한다

한명숙

허겁지겁 뛰어들었던 마룻바닥을 바라본다.
이리저리 뒤엉켜진 신발
모자이크처럼 각인되어 나뒹군다.
움직이지 않는 풍경 속으로
어머니의 손이 보인다
몽타주처럼 슬라이드판이 움직인다
때론 붙어있는 반창고가 너덜너덜 매달려 있는
초라한 손
그 반창고가 까맣게 주름이 패인
혹은 밥상 차릴 때 상 모서리를 힘겹게 든 낡은 손
어머니는 농사꾼이었다
아버지는 이장 12년 겉멋의 호인이셨고
아홉 식구의 밥줄은
어머니 손에 달려 있었다
멍하니 앉아 마루에 올라온 손을 본다
뭉툭하게 떨어지다 붙은 손끝
김장을 하다 손을 베었다
피가 멈추기를 기다렸지만 소용없다
덕지덕지 붙은 피 묻은 반창고 사이를 비집고 살점이 흐르다
결국 떨어지고 만다
어머니의 가신 길처럼 얼룩진 피무덤
슬픔이 떨어진다
그리움까지 덧붙여 아려온다
아프다

# 가난

한명숙

세면대 거울을 마주하고 나를 빤히 쳐다본다
어제의 내가 아닌 질펀하게 늘어진 미소가 히죽이 웃는다
찌든 때 닦아내려 입안 가득 칫솔을 치댄다.
치대기다 잇몸까지 침범했지만
치약 묻은 헛손질은 자꾸 재촉한다
머리와 손이 따로 움직임이 분명했다
늘 그래왔던 것이다
헛손질로 허우적거릴 때
발은 동동 구르며 뛰고 있었다
헛손질이 멈추길 기다렸지만
철조망 하나 쳐 놓고
내 살점 하나씩 떼어주고 있었다
찢겨 나간 시간은 다시 오지 않을 줄 알았다
눈물처럼 고여있는 더러운 욕창
깊게 패인 주름살을 비집고 꽈리를 틀었다
이젠 틀린 것이다
욕창은 떠날 기미가 보이지 않는다
늪에 빠진 먹이처럼 서서히 가라앉고 있었다.
머리만 남아 숨통이 조여온다
허우적거리던 헛손질도 이젠 하지 않는다

# 하조대 등대에서

한명숙

해풍에 머릿속 시계 거꾸로 돌던 날
솔꽃 떨어진 길을 자작자작 밟으며
바다를 향한 그리움을 달린다
새파랗다
망망대해 햇살 머금은 푸른 파도
하늘빛 물이
햇살 받아 눈부시다
바람에 깎여 뭉그러진 바위틈에
소나무 한 그루
세월의 흐름만큼이나 아팠을 것을
노송은 푸르러 고결하다
기암괴석, 바위섬, 울창한 송림
푸른 새벽 아스라이 불빛 비추는 항구들
끝이 아득한 어머니의 무성한 그리움은
머릿속을 헤매다 바다로 곤두박질친다

제6회 모던포엠 문학상 심사평

# 미래를 변화시킬 힘이 엿보이는 시의 발견

유창섭 시인 · 월간모던포엠 주간

# 미래를 변화시킬 힘이 엿보이는 시의 발견

유창섭. 시인. 월간모던포엠 주간

**제6회 모던포엠 문학상 심사위원회 (가나다 순)**
**심사위원장 : 김우종. 문학평론가. 前경희대교수. 한국평론가협회 회장**
**심사위원 심의표. 시인. 수필가. 금천문인협회 회장**
**심사위원 유창섭. 시인. 월간모던포엠 주간**
**심사위원 장윤우. 시인. 한국문협수석부이사장. 성신여대 명예교수**
**심사위원 전재동. 시인. 문학박사 前한양대 교수. 월간모던포엠 편집 고문**
**심사위원 전형철. 시인. 문학평론가. 월간모던포엠 발행인**

시인은 시로 말한다. 그러므로 훌륭한 시인이란 좋은 시를 창작하는 시인을 말하는 것이리라.

우리 시대에 시를 쓰는 시인들이 많지만, 좋은 시를 만나는 일은 그리 쉽지 않은 것이 현실이다. 그것은 시가 어떤 정형적인 틀을 가지고 있는 것이 아니고 그 속에 담는 정서적 의미의 발현 내용도 모두 천차만별이며 시인들이 쓰는 시적 언어들이 모두 개성적인 것으로서 그 정서를 나타내기 때문이다.

시인은 그의 시가 매우 개인적인 정서에서 출발하지만 그 시는 단순히 개인적인 사건 속에 머무르지 않고 독자들에 의해서 이미지를 확대 재생산하여 새롭게 재창조된다고 할 수 있다. 그러므로 시 속에 장전裝塡된 사상이나 정서는 독자들의 상상력에 의해 재결합되고 재조립되면서 그 의미를 확장시켜 나간다고 할 수 있다.

따라서 시인이 장치裝置한 시적 구조 속에 새로이 탄생될 상상력의 공간이 만들어질 수 있도록 시가 쓰여져야 그러한 의미 확장이 가능해 진다고 할 수 있다.

좋은 시란 그 상상력의 뒷공간이 넓다는 의미와도 상통한다.

이번에 심사에 올라온 시가 모두 그러한 자리매김을 하고 있다고 단언할 수 있을까?

그렇지 않을지도 모른다. 그럼에도 불구하고 그에 따른 수상작품을 선選한다는 것은 새로이 등장하는 신인 시인들의 가능성이나 기성 시인들의 시적 성취가 앞으로도 그러한 시문학 발전에 기여하게 되리라는 믿음 때문일 것이다.

따라서 자기만이 가진 시의 형식과 놀라운 시적 상상력을 가진 시, 그리고 자신만이 가진 언어의 힘이 느껴지는 시, 그 자신만의 정서적 발화점을 창안해 낼 수 있는 능력이 보이는 시가 바로 미래를 짊어지고 나갈 시가 되는 것이라는 의미가 될 것이다.

이제 우리 모던포엠에서 시인상을 수상하는 시인들의 시를 일별해 보면 아직 현대시의 새로움과 그 변화가 충분히 반영되지 못한 부분도 보이고, 다소간 필요한 실험적 정신의 접목, 혹은 투영이 미흡하지 않은가를 생각하게 하는 면이 발견되기도 한다.

무조건적인 실험정신이 아니라 그것을 하나의 형식으로 소화하고, 새로움으로 담아내는 노력도 발견되어야 비로소 시 문학의 지평이 넓어질 것이라는 기대를 할 수 있을 것이기 때문이다. 그러나 시인들의 시에서 그 탄탄한 구조와 더불어 미래를 변화시킬 힘이 엿보이고 있다는 점에서 앞으로 이분들의 시적 성취에 기대를 걸게 된다.

바로 그러한 의미를 되새기면서 차분히 시의 행간을 음미하여 본다.

제6회 모던포엠 文學賞 本賞 수상작

## 환상 / 이기순

*뒤돌아서면 뒤섞이는 좁쌀 같은*
*내 기억 주머니*
*동여맨 앞섶은 풀리진 않았나 보다*
*아직은*
*부모자식이란 이름표를 달고*
*삶의 저울추에 달려있으니…….*

*쌍무지개가 선명한 아침*
*습관처럼 냉장고 문을 여는 순간,*
*물속에 몸 불린 콩들이*
*애도의 눈짓으로 훌훌 껍질을 벗는다*

*저승길 떠나실 내 어머니*
*콩죽 먹고 싶어 물에 담가놓았던*
*그때 그 콩처럼*
*외롭고 차가움에 몸을 떤다*
*엄마와 딸로 아팠던 시간들이*
*이국異國의 햇살에 출렁이는데,*

*환상喚想의 거울 속에선*
*시드니의 가을 꽃대*
*흐늘흐늘 걸어 나온다*

## ■ 심사평

시 "환상"에서는 떠나신 어머니의 모습을 통하여 지나간 세월을 떠올리는 그리움의 편린이 묻어난다.

"내 기억 주머니 / 동여맨 앞섶"이라는 표현에서 보듯 가슴 한쪽에 알듯 모를 듯 추억의 씨앗이 매달려 있는 듯이 보인다. 누구나 그러하리라. 그리움의 연원을 찾아가 보면 그 원천은 모두 가슴에서 나오는 것처럼 느껴지는 것을.

이국땅에서 떠나실 때 콩죽이 먹고 싶다 하시던 어머니의 마음이 냉장고를 여는 순간 그 속에서 걸어 나오는 착각을 가지게 하는 것은 이제 곧 파란 싹을 틔울 정도로 불어난 까만 콩의 모습에서 출발한다. 콩죽이 뭐 그리 대단한 음식도 아니지만, 고국의 맛이 스며들어 있는 그 음식에 대한 향수를 가지고 떠나신 어머니의 기억이 "외롭고 차가움에 몸을" 떨게 했을지도 모른다. 그 인연의 굴레에 어머니와 딸이라는 이름으로 묶여 있는 기억이 "시드니의 가을 꽃대"로 환치되어 "흐늘흐늘 걸어 나온다"고 시인은 자신의 그리운 마음을 적는 것이다.

제6회 모던포엠 文學賞 金賞 수상작

## 천하장사 / 정순덕

*여름내 판판이 지는 씨름*
*또 한판 붙을까 말까*
*간들간들 온몸으로*
*아양 떠는 모습*
*그래, 너도 홀씨 한 번*
*파란 하늘 향해 날려 보아라*
*밭도 길도 아닌 맨흘 틈바귀*
*먼지 속에 뻗치고 서서*
*새파랗게 도전하는 천하장사*
*민. 들. 레.*

## ■ 심사평

우리 눈에 하찮게 보일 수도 있는 "민.들.레."에서 건져 올리는 심상이 짧지만 간단하지 않다.

그 끈질긴 생명력과 새로운 삶을 준비하는 홀씨의 흔들림, 그리고 "밭도 길도 아닌 맨흘 틈바귀 / 먼지 속에 뻗치고 서서" 밭도 길도 아닌 맨 흘을 들어올리는 민들레의 도전---천하장사와도 같은 힘이 어디서 유래한 것일까 하는 물음과 생명에 대한 경외의 모습---을 그저 지나치지 않는 시인의 눈길이 강렬하게 드러나 있다.

우리네 삶에도 그리 힘없이 보이는 저 나지막이 엎드려 사는 모습의 삶이 얼마든지 존재한다. 그러한 낮은 삶에도 눈길을 주어야 한다는 시인의식이 깨어 있는 시로 평가할 만하다.

제6회 모던포엠 文學賞 銀賞 수상작

## 어둠 속의 비밀 / 김학균

*별을 심어 어둠을 밀쳐 내고*
*바다도 잠든 좁은 어둠 속에서*
*사유하는 지평을 연다*

*어둠의 행복은 무엇인가*
*석양이 장렬히 전사하고*
*찰칵거리는 시침에 운명을 걸 때*
*빠져나가 발버둥치는*
*이순(耳順)의 소년*

*어둠이 밝음의 등대였고*
*밝음은 어둠으로 인해 찬란해 졌다*
*암흑과 광명, 둘이서 창조한 세상이*
*자연 섭리요, 질곡과 환희의 샘이다*

*어찌 질곡의 우주에서*
*갈매기는 가장 먼저 빛을 전하고*
*푸른 나무에 생산의 불을 지펴*
*어둠 속에서*
*찬란한 아침이 태동하는가*

*어둠은 그 베일을*
*감추려는 검은빛인가?*
*지평의 끝 어둠의 가면을 벗겨*
*여명의 비밀을 찾아가련다.*

## ■ 심사평

김학균 시인은 “별을 심어 어둠을 밀쳐 내고 / 바다도 잠든 좁은 어둠 속에서 / 사유하는 지평을 연다”고 말문을 연다.

다분히 삶에 대한 관조적 시선이 묵직한 침묵의 언어로 다가온다. 마치 장엄한 해돋이 이전의 태초의 암흑에서 새로운 생명의 탄생이라도 나타날 것 같은 느낌으로 다가온다.

“어둠이 밝음의 등대”이며 그 “어둠 속에서 / 찬란한 아침이 태동”된다는 진리에 이르는 역설을 찾아낸다. 그리고 이어서 “지평의 끝 어둠의 가면을 벗겨 / 여명의 비밀을 찾아가련다.”고 말하여 희망을 이야기한다. 다소 그 관념적인 이면의 진리에 눈길을 주어, 보다 다양한 시선을 끌어내었더라면 좋았을 것 같다는 아쉬움이 없지 않으나 시인의 탐구정신이 건강하게 숨어 있는 시이다.

제6회 모던포엠 文學賞 銀賞 수상작

## 다림질 / 이명예

*뿌연 하늘에 커튼을 걸고 싶다*
*설레임이 부서진 먹먹한 가슴*
*모든 시선을 내려놓고 허물어지니*
*지푸라기라도 잡기 위해 다리미를 꺼냈다*
*구겨진 옷들을 모아*
*화풀이로 뿌림칠 하면*
*우지끈한 가슴의 통증은 축축해지고*
*까칠한 바닥에 뒹구는*
*바람을 잠재워도*
*솟구치는 피*
*식어질 수 있으려나*
*구김 속에 감춰진 적색의 가시*
*뜨겁게, 강렬히 짓누르니*
*스스로 감춘 테두리는 진실을 드러내고*
*조각난 평정이 다림질 바닥에 붙어*
*불길을 집어먹고 나면*
*늘씬한 옷걸이에 걸린*
*빳빳한 시간은*
*낯선 이방인조차 허락하는지.*

## ■ 심사평

"설레임이 부서진 먹먹한 가슴 / 모든 시선을 내려놓고 허물어지니"에서 처럼 다리미를 단순히 사물의 구김살을 펴내는 도구로서만이 아닌 "구김 속에 감춰진 적색의 가시 / 뜨겁게, 강렬히 짓누르니 / 스스로 감춘 테두리는 진실을 드러내고"와 같이 가슴 속 깊은 갈등을 펴내는 역할로 환치시키는 시선이 새롭게 느껴진다.

다만, 앞에 인용한 "설레임이 부서진 먹먹한 가슴"에서와 같은 구절이 독립적으로 나타나 시 속에 있는 '설레임이 부서진' 정황---무엇 때문에 그런 가슴이 되었는지---을 짐작할 수 없게 표현되었다는 점이 시적 상상력을 제한하게 된다는 부분이 아쉽게 느껴지지만 '다리미'가 해내는 다림질의 대상, 그 역할 뒷면에 상상력의 공간이 비교적 넓게 자리하고 있음을 발견할 수 있다.

제6회 모던포엠 文學賞 銅賞 수상작

## 봄은 멀지 않으리 / 김순천

*빈 가지 사이로 바람이 불 때마다*
*휘파람 소리를 내던 겨울이*
*끝내, 무연無緣의 먼지로 산화할 때*
*또 하나의 계절은 오리라*
*선잠 하얗게 새우던 날들이어도*
*헐어낸 마음 벽에 부도의 촛불을 켜면*
*먹먹한 생각을 가로지른 시간은 저물고*
*설움 어우러진 사이로 보람이 온다고 했으니*
*시나브로 밝아오는 어둠의 들녘 검불진 잎새엔*
*아직도 소리처럼 싸늘한 바람 불고 있어도*
*해맑은 길섶에 서서 기다리는 내일은*
*춘설에 새순 돋듯 경이로 넘쳐나리라*
*기다림의 날들 저편*
*삼라의 뜻으로 손 흔들고 오는 푸른 잎새처럼*

## ■ 심사평

봄을 기다리는 마음이 잘 각인되어 있는 "봄은 멀지 않으리"는 평이한 소재를 무리 없이 소화해 낸 작품이라고 할 수 있다. 다소 누구나 접근할 수 있는 사상들이 시의 전면에 나타나 "상투성"(=끌리셰cliche)이 보인다는 의심을 받을 수도 있으나 그 이면에 봄을 기다리는 마음이 희망으로 정화되어 있음을 발견한다.

시인은 "헐어낸 마음 벽에 부도의 촛불을 켜면 / 먹먹한 생각을 가로지른 시간은 저물고"라고 하여 마음이 하나의 '사리'가 되어 묻힌 부도의 묘석에 촛불을 켜면 지나간 세월의 아득한, 절망도 뒤섞여 있을지도 모르는 시간은 저물어가고 다시 새로운 시간이 올 것임을 노래한다.

또한, 사물과 결합에 의해 형상화된 "휘파람 소리를 내던 겨울이/ 끝내, 무연無緣의 먼지로 산화"하는 계절의 모습이 마음속에 그림처럼 펼쳐지고 "해맑은 길섶에 서서 기다리는 내일은 / 춘설에 새순 돋듯 경이"로운 봄을 연상하는 구조가 마음에 안정감을 더해 주는 시라고 할 수 있다.

제6회 모던포엠 文學賞 銅賞 수상작

## 난(蘭) / 청암 박종우

*꽃대 가냘픈 섶에 묶인 채*
*나이 어린 연노란 꽃*
*수줍었던지 아무도 모르게*
*어느새 슬그머니 솟아 얼굴 내민다.*

*소중한 정성 얼마나 기다렸기에*
*겹겹이 쌓아 깊숙이 숨겨놓은*
*은은한 향기 올해도 피워*
*다섯 꽃잎으로 세상 바라본다.*

*잎은 잎대로 가냘픈 미인美人이요*
*꽃은 꽃대로 향수香水 날려 맵시 접어*
*황금보물黃金寶物 가득 머금고 빵끗 웃어*
*밝고 맑은 *홍로점설紅爐點雪 이로다.*

*난을 키우는 난심蘭心이 다가가*
*꽃대 올렸다는 자랑의 포장이*
*낭패 당하는 어제를 생각해서*
*얼마나 조심스레 인정하고 폈던가.*

*정성에 화답하는 꽃대*
*올리는 인내 승화하는 내면에서*
*삶의 진실 깨달을 수 있다면*
*나는 진정한 애란인愛蘭人이라 하겠노라.*

## ■ 심사평

난을 키우면서 난에서 꽃대가 나와 꽃을 피워내는 광경을 보는 사람의 경이로움이 담긴 시이다.

그 내면적 모습보다는 형상성에 주목하여 시를 쓴 것이 그 깊은 맛을 다소 희석시켜 버린 듯한 느낌이 없지 않으나 시가 언제나 철학적 담론이나 정서적 폭발력을 가진 깊은 시여야 하는 것은 아니므로 단정하고 깔끔한 시 정신이 녹아 있는 이러한 시도 아름다움에 충분한 값을 한다고 볼 수 있다.

"겹겹이 쌓아 깊숙이 숨겨놓은 / 은은한 향기"로 표현되는 난의 향기나 난꽃이 피어있는 것을 마치 빨갛게 달구어진 화로에 소금을 뿌린 듯, 흰 눈이 내린 듯한 모습으로 "밝고 맑은 *홍로점설 紅爐點雪"이라고 표현한 부분도 난에 대한 강한 애정이 묻어나는 구절이라고 할 수 있다.

## 第6회 모던포엠 문학상 2009년 최우수 신인상 수상작

### 세탁소 / 김태경

*꽃이 피는 시간에*
*파도가 밀려오고 있다.*

*밀려온 파도를 하나 집어*
*검은 속 뒤집으니*
*사람들의 비늘이 하나, 둘 떨어진다.*

*눈 내리던 날, 그녀의 사랑이 뒤집어지고*
*눈 내리던 날, 그녀의 이별도 뒤집어진다.*

*또 밀려온 겨울을 집으니*
*무거운 삶에 축 늘어져 있던 어깨,*
*오그라든 아버지의 비애가 툭 떨어진다.*

*그가 비애를 하얗게 빨아 널면서*
*그렇게 우리들의 비애를 말리고 있다.*
*우리의 겨울을 착실하게 말리고 있다.*

*붉은 꽃 지는 날*
*그는 다려진 어둠에 앉아*
*겨울을 다 빨면서 봄으로 걸어가고 있는 중이다.*

## ■ 심사평

좋은 시란 독자에게 충분한 사색과 삶의 정화淨化catharsis를 가져다주면서 시를 통해 상상력이 발휘될 수 있는 공간을 제공할 수 있는 것이어야 한다. 그런데 시 "세탁소"는 그 몫을 잘 소화해 내고 있다.

"밀려온 파도를 하나 집어 / 검은 속 뒤집으니 / 사람들의 비늘이 하나, 둘 떨어진다. // 눈 내리던 날, 그녀의 사랑이 뒤집어지고 / 눈 내리던 날, 그녀의 이별도 뒤집어진다." 는 구절에 이르러서는 빨랫감이 밀려오는 과정을 "파도가 밀려오"는 모습으로 환치시키고 그 속에 숨겨진 삶의 파편들이 "뒤집어"져 떨어지는 모습을 그려내고 있는데 그것이 그 팍팍한 삶의 징후이리라.

"눈 내리던 날"의 상상력도 또한 세제인 가루비누가 흩날리는 모습을 그렇게 형상화한 것으로 보이는데 그러한 시인의 상상력이 독자들의 깊은 감성을 두드리기에 충분한 발화점을 담고 있는 것 같다.

그 뒤편에 열린 상상력의 공간이 넓다.

"그가 비애를 하얗게 빨아 널면서 / 그렇게 우리들의 비애를 말리고 있다. / 우리의 겨울을 착실하게 말리고 있다."는 표현에서 보는 것처럼 다소 팍팍한 삶에 대한 어둠이 주제로 등장하여 그 균형감이 약간 거슬리지만 마지막 "그는 다려진 어둠에 앉아 / 겨울을 다 빨면서 봄으로 걸어가고 있는 중이다."라는 희망의 메시지를 날려가면서 의연함을 보인다.

## 제6회 모던포엠 문학상 2009년 최우수 신인상 수상작

### 빗소리 / 한명숙

*후미진 어둠의 경계 밖*
*곤고하던 내면 의식 속*
*오랜 사변의 충돌로*
*밤의 적요는 장막을 거두고*

*응달진 뒤란*
*옷 섶 풀어헤치는*
*7월의 장맛비 소리*
*한 맺히게 들리든 그날*

*메밀꽃 흐드러지게 피어나*
*님의 고운 숨결 가두어*
*울먹이던 하얀 박꽃처럼 속살 섞으며*
*미련으로 남아 애련히 떠도는 님의 모습*

*침묵을 사선으로 가르며*
*음습의 그늘을 빛으로 쪼개는 회억을 뚫고*
*쉼 없이, 밤을 새워 달려온 빗줄기는*
*평생을 목 놓아 그리워했던*
*쉰넷의 일기로 하늘이 별이 되신*
*나를 부르는 내 어머니의 처절한 호명인 듯*

*하늘에서 지상으로 떨어지는*
*강렬한 흑백의 그리움은*
*설움에 잠긴 목젖을 샅샅이 훑으며*
*가슴 죄어 오던 가늠할 수 없었던 시간의 연속,*
*지금도 내 울 안에 비 내린다*
*서러운 하늘길 에돌아 가시던 그 길에*
*바람처럼 내려오던 빗소리는*
*물비린내 풍기며*
*여태 내 가슴에 피멍울로 남아 있다*

## ■ 심사평

시인은 자신의 정서 하나에 기대어 시를 쓰는 사람이 아니다. 아마도 온몸으로 시를 쓴다는 표현이 옳을지도 모른다. 그러므로 자신도 모르는 사이에 자신의 내면에 숨어있는 잠재의식이나 무의식의 단면이 시의 한 편에 새로운 언어로 그 모습을 드러내게 되는 것이라고 할 수 있다. 경우에 따라서는 자신은 그런 의미로 쓰지 않았는데 비평가들이 너무 깊게 읽어준 것이 아니냐는 생각이 들 때가 있는데 그러한 것은 심리적 영향(=잠재의식이나 무의식과도 같은 것)이 그 속에 투영되어 언어로 투사投射projection 되었기 때문이라고 할 수 있다. "응달진 뒤란 / 옷 섶 풀어헤치는 / 7월의 장맛비 소리"라는 인식은 어둠 속에서도 가장 후미진 곳---응달진 뒤란을 등장시킨다. 마치 자신의 웅크린 내면의 모습처럼, 또는 자신에 대한 엄격한 내면적 방어기재처럼. 바로 그러한 표현의 하나, 또는 어휘의 선택이 의도적이었다면 고도의 비밀스러운 작업이었을 것이고 우연한 심상에서 건져 올린 것이었다면 그것은 잠재된 의식 속에서 건져 올린 심상이었을 것이다.

음울하고 어두운 기억들과 그 속에서 살아온 자신의 삶이 아직도 아픔의 고리를 형성하고 있는 이 어둑하고 슬픈 이야기는 "별이 되신 /......내 어머니의 처절한 호명"에서 처럼 시인의 마음에 갇혀있던 그리움의 물결과 "지금도 내 울 안에 비 내린다 / 서러운 하늘길 에돌아 가시던 그 길에 / 바람처럼 내려오던 빗소리"로 내밀한 자신의 가슴에 남아있는 "피멍울"을 그려내고 있다.

그 피멍울은 과연 화해를 할 수 있을 것인가? 시인은 아직도 그 물음에 대한 방황을 적고 싶었던 것인지도 모른다.

그러나 그렇게 함으로써 시인은 자신의 내면을 정화하고 스스로에게 화해하고 있는 것이다.

제6회 모던포엠 문학상 수상집

# 외줄을 그네타며

인쇄 2010년 5월 28일
초판 1쇄 발행 2010년 6월 1일
지은이 세계모던포엠작가회 8인
펴낸이 전형철
편집 GAP
웹디자인 김태완
펴낸곳 도서출판 모던/등록번호 제 16-3544호
인쇄 (주)한진종합인쇄
후원 월간 모던포엠
주소 서울 중구 초동 155-1 덕양빌딩 505호
전화 02-2265-8536
팩스 02-2265-0136
이메일 mopo64@hanmail.net
정가 10,000원